MONOGATARI NIHONSHI

物語日本史

神話時代以及延喜・天曆盛世

上

平泉澄

梁曉弈・譯

序言

希波克拉底有云「人生短促，技藝長存」，又有俗話說「豹死留皮，人死留名」。為了讓藝術成就能夠長久流傳、身後的名聲榮譽能夠萬世不朽，就有必要讓子孫後世理解和繼承自己的功業。如果這些事情子孫不能理解、後世無法繼承的話，那麼這個人的人生就和泡沫一樣轉瞬即逝，他的所有成就也隨著他的去世而煙消雲散了。因此教育的真諦就在於讓子孫後代理解和繼承先人的功業，自古以來國家重視教育、家族嚴持庭訓的目的也就在於此。

然而，自明治以來日本就以西洋文明的引進為要務，我的本意雖然不願如此卻也不得不接受這一事實：到昭和二十年以後，由於佔領政策的壓制，想要繼承父輩祖輩的精神、彰顯他們的功業，變得完全不可能了。我在當時的小學生身上，看到了這一政策留下的慘痛傷痕。

這是終戰兩三年之後的事情。為了參加某個深山裡的小村莊的秋日祭典，我穿著木屐走在一條山道上。日光遍照山間，天氣不太冷也不太熱，風景秀麗，這一段山道我走得十分愜意，漸漸地放慢了腳步，被三四個開心唱著歌的放學歸來的兒童追上了。我問他們：「你們知道『君之代』嗎？」

「『君之代』[1]？沒有聽說過啊。」

「那你們知道日本這個國家嗎？」

「日本？這也沒有聽說過啊。」

「那麼，你們知道美國嗎？」

「美國？這個倒是有聽說過。」

聽了孩子們的回答我不禁愕然。世界上曾經有過幾個國家被征服、毀滅，以至於整個民族的命運與文明的傳承都就此斷絕的先例，而我現在痛感同樣的事情正切實地發生在我的身邊。

到了昭和二十七年[2]的四月，佔領終於結束，日本成為獨立的國家，長年處在監視居住之下、被禁止公開發言的我也終於得到了解除禁令的通知。在一年後的昭和二十八年五月二日，我為了慶祝前輩的八十歲生日而前往福井縣，順便受託在成和中學進行了一場演講。我並不知道這所學校，學校的學生也並不認識我，這次演講可以說是互相並不了解的雙方之間的一場遭遇戰。演講的時間很短，中心內容也非常簡單。

諸君！你們很不幸地長年生活在美軍的佔領之下，接受了無法了解事實真相的教育。然而現在佔領結束了，你們必須要正確地認識這些重要的史實。

我以這樣的一句話開始了演講，然後簡單地介紹了兩三個重要的歷史事實。當時學生們的表情和因感動而發光的眼睛，我永遠也不會忘記。這一千名學生的視線，無論是我站在講台上的時候還是結束了演講以後都一直集中在我身上。這些視線與其說是看著我，不如說是像箭一樣射在我的身上。當我結束演講準備回

1 日本國歌。

2 一九五二年，同盟國軍事佔領日本期間結束。

去的時候，學生們都主動地跟出來圍在我身邊，當我坐上計程車以後也緊緊地圍著計程車，甚至爬到了計程車頂上。他們沉默著什麼話也沒有說，也沒有任何粗暴的行為，只是始終看著我，不願從我的身邊離開。在和他們告別離開的兩三天之後，我收到了多封來自學生們的真情流露的信，其中既有男生寄來的，也有女生寫的。現在回想起來，這是我一生中最為感動的一次演講。

成和中學給我的感動之難忘，使得我在十幾年後接受時事通信社的委託、準備寫一本日本通史的時候，採取了向純真的學生們發起號召的行文方式。當時我已經七十六歲了，不知餘生還剩下幾天，因此當時寫這本書的時候，我是抱著這就是留給子孫後代最後的禮物的心情寫的，換言之，這本書就像是我的遺書一樣。因此在這本書裡我沒有採取學者一樣羅列事實、自誇博學的形式，而只是提取歷史的精華，誠實地將父輩祖輩的辛苦與功業傳達給子孫，期待著子孫們能夠繼承這一精神，痛切而又誠實地落筆敘述。這本書名為《少年日本史》。一旦定下了這一方針，我下筆如有神助，一瀉千里地在不到半年的時間裡寫出了原稿用紙一千頁的底稿。

萬幸我的這一心情獲得有志之士的理解，這本書不但受到一般大眾的喜愛，也受到各界有識之士的好評。然而很不幸地，由於時事通信社的變革，這本書沒能在時事通信社出版，此後改由皇學館大學出版部出版。

我的一生可以說是飽經磨難，而我所撰寫的書也往往和我一樣要遭遇諸多苦難，我已經將這視為人生的一部分而坦然接受了下來，而這一次講談社卻出乎我意料地提出了再版《少年日本史》並將書名改為《物語日本史》的請求。講談社提出，本書的精裝豪華版在任何地方都可以出版，但是為了符合這本書作為祖父送給少年們的禮物以及遺書的雙重性質，希望能夠在講談社出版發行它的分冊文庫本，以求能夠憑藉其廉價的優勢，讓世間更多的人讀到這本書。最初，講談社的誠摯建議讓看慣了挫折與磨難的我一度有些困惑，但我最終還是滿懷感激之情地接受了這一提案。在此，我只希望這一份小禮物能夠像一條滿載希望的小船，在風平浪靜中到達彼方。

——昭和五十三年十二月十日晨於白山寒林之中

目次

上冊

上冊

國家建設

元服

諸君！大家聽說過牛若丸的故事嗎？沒錯，他就是那個在五條大橋上，與武藏坊弁慶決鬥並漂亮地獲勝，由此獲得了一位一生忠實於他的家臣的那個勇敢的少年。

那麼大家知道這位牛若丸，與那位從鵯越[3]的絕壁上飛馳而下、在一之谷大破平家大軍的源九郎義經，是怎樣的關係嗎？不錯，兩者其實是同一人。他在少年時代被稱為牛若丸，長大成年後就改稱九郎義經。這一變化就發生在元

3 日本兵庫縣神戶市地名，源平合戰的古戰場。——譯者註

服之時。

所謂的元服，可以說和現在的成人式差不多。兒童、少年在經過成人式之後，就被視為大人，一方面周圍的人都會以對待大人的禮節對待他，另一方面他也需要開始肩負作為一個大人的責任。

正因為如此，古人都非常重視元服，家人會在孩子元服時為他舉辦隆重的儀式，只有牛若丸是一個例外。他是一個命運非常淒慘的人。他出生於平治元年，在那一年的年末，他的父親源義朝戰敗，第二年的年初就被處死，牛若丸小小年紀便失去了父親，母親將他抱在懷裡東躲西藏、躲避追兵。後來他一度在鞍馬山中修行，在出鞍馬山前往奧州平泉的途中，於近江（現滋賀縣）的鏡之宿獨自一人為自己舉辦了元服禮，改名為九郎義經。傳聞那時候他十六歲，當然這算的是虛歲，用現在的計算方式他只有十五歲。

除了牛若丸這一例外，其他人的元服儀式都正式而莊重。例如八幡太郎義家，他是義經四代之前的先祖，也是著名的武將，想必大家都聽說過他的事蹟。他被任命　陸奧守，前往鎮壓地方叛亂，在路過勿來關（現在的福島縣磐城市勿來町）時，看見盛開的櫻花被風吹落，有感而發，詠歌一首：

吹く風をなこその関と　思へども

道もせに散る　山桜かな

（此關名為「勿來關」，因此我一度以為就連山風都不會吹到此處，但是沒想到被風吹落的山櫻已經鋪滿了道路。）

這首歌後來很有名，歌中的「なこそ」是一个地名，用漢字寫作「勿來」，也就是「不要來」的意思。「道もせに散る」的意思是吹落的山櫻鋪滿山道，使得道路都顯得狹窄了。源義家身為一名武士，手中的弓箭就連鬼神也感到畏懼，然而就是這麼一位英勇的武士，卻為櫻花散落而感動，並能在馬上詠歌一首，他的這一風流姿態自古以來就為人們所傳唱。這位源義家，幼時被叫作源太，七歲在石清水八幡宮的神前舉辦了元服的儀式，此後才改名為八幡太郎義家。

義家有兩個弟弟：一個是義綱，我們不知道他的幼名，只知道他元服後稱為賀茂二郎義綱，由這個名字可以推測他的元服禮一定是在賀茂神社裡舉辦的；另一個是最小的弟弟義光，這一位的名氣更大，他聽說兄長義家在奧州苦戰，為了援助兄長也奔赴奧州。有一個名叫豐原時秋的青年，一直如影隨形地跟著義光。他雖然出身音樂世家，然而由於父親時元過世時年紀尚幼，沒有獲授吹笙的秘曲，時元在將曲譜託付給義光之後就去世了。時秋見到義光奔赴戰場，也一路追尋他的足跡而來。關於曲譜的事情，時秋一句話都沒有提，只是默默地追隨義光，然而義光也知道他的心情，就在走到足柄山（現在靜岡縣與神奈川縣的分界線）的時候下馬，摒退下人，以盾牌為席坐在地上，一句話也不說，默默地吹起了笙，希望將秘曲教給時秋之後他就能回京都去。由此可見，義光不僅是一位勇敢的武將，也有著深厚的藝術造詣，同時還格外重視人情，知道為他人考慮。源義光的幼名也沒有流傳下來，然而從他元服之後稱為新羅三郎義光這一點來看，他的元服儀式毫無疑問是在近江（現滋賀縣）的新羅明神（在三井寺以北的地方）前舉辦的。

立志

一般來說，鎌倉時代的武士們在十四五歲的時候，名字還叫作「某某丸」，到了十六七歲時就元服並改名，由此可以確定成人式多在十五歲前後舉辦；然而也有人在很小的時候就元服的，如前所述，八幡太郎義家於七歲時舉辦元服禮，小時候名叫正壽丸的北條時宗則是在七歲時元服並改名為時宗的。畢竟這一位可是在十四歲就擔任幕府的重要職位，十八歲時以幕府代表的身份負責與蒙古交涉，二十四歲時擊退外敵，三十一歲時在博多灣消滅外國百萬大軍的英雄，他在七歲時就有與成人相符的見識和資格也並不奇怪。

排除源義家及北條時宗這樣的例外，鎌倉時代的武士們一般在十五歲前後元服，在此之後身邊的人就會把他當作大人對待，同時這也意味著他們在此之後必須為自己的言語與行動負責。在元服之前，他們都還是兒童、少年，說話做事即使有些小錯誤也都會得到周遭的寬待，而在元服之後，一方面會受到身旁眾人的尊敬，另一方面也必須承擔起大人的責任。可以說，元服是一生中重要的轉折時刻，在此時要完成由少年向成年的轉變。

這一轉變在形式上表現為元服禮，在心理層面上就表現為立定志向。要成為獨當一面的大人，就需要收起兒童時的散漫之心，明確樹立自己的目標，這就是立志。大家知道孔子吧。他是中國古代的哲人，生活的時代比耶穌還要早近五百年，是和西方的耶穌、印度的釋迦牟尼相提並論，長久以來給人們以深刻影響的偉大哲人。孔子曾經說過：「吾十有五而志於學，三十而立，四十而不惑，五十而知天命。」十有五即十五歲，也就是說孔子在十五歲時確定了人生目標，三十歲時確立了立足之地、不再動搖。此外，想必諸君也聽過別人吟誦下面這首有名的詩作：

男兒立志出鄉關，學若無成死不還。
埋骨豈期墳墓地，人間到處有青山。4

可以說，立志，就是確定人一生的目標與方向，讓人生走上一條固定的軌道。

那麼，就個人而言，形式上的儀式是元服，心理上的要求是立志，把這一理解推廣到整個民族來考慮，我認為相當於一個民族的立志與元服的東西是國家的建設。日本民族的起源要追溯到很久以前，然而那時的日本人還處於四分五裂的狀態，沒有統一的意志與共通的責任感。將這個分裂的組織團結在同一個目標之下，以一個共通的意志將他們團結在一起，使他們在面對其他民族時能夠負起責任，這時候我們才能說國家的建設完成了。

有的人說日本民族是一個混合民族，這並不是事實。當然，日本民族作為一個包容力強大的民族，接受其他民族並將他們融合吸納，這樣的具體例子我們可以找出許多，然而構成日本民族的中心與主體的部分具有完全屬於日本的獨特性，這一民族特徵並不會由於其他民族的混入而被削弱。已經有優秀的學者通過骨骼與血液的研究證明了日本民族在世界範圍內的獨特性，並確認了日本民族分

4　本詩作者為幕府末年的僧侶月性。——譯者註

佈在揚子江（長江）下游地區，經沖繩群島，直到九州、四國、本州及其周邊諸島的範圍內。由這一血型的研究我們可以知道，無論周邊民族怎麼混合，都不會成為日本民族。

日本民族是一個獨特的民族，這一點可以從最根本的血液和骨骼的研究中得到證明。然而，如果我們的國家建設不成功的話，這一民族又究竟會變成什麼樣呢？這一點我們只要考慮一下揚子江下游地區諸民族的情況就一清二楚了。他們即使在血液與骨骼上與日本民族相同，但在精神層面上沒有與日本民族共通之處。這正說明了通過國家的建設，將民族團結在一起，面向一個共同的目標前進這件事情有多麼重要，想必現在大家也能夠明白了吧。最後再重複一遍，對於個人而言，最重要的關鍵是元服與立志；而對於一個民族來說，最重要的關鍵除了國家建設外別無他物。

◎神武天皇

柴野栗山

那麼，究竟建設「日本」這一國家的英雄人物又是誰呢？是誰成為日本民族的中心，高舉共同的理想，促成了日本民族的團結，決定了日本的方向呢？這個問題的答案就是神武天皇。說到神武天皇，大家可能會感覺這是個很遙遠的人物，然而事實完全不是這樣的。

要說為什麼的話，請大家先回想一下自己的姓名。我們把姓和名分開，只看姓的部分，姓在日語中又被稱為「苗字」，大家的苗字都是什麼呢？山田、木田、小島、村上、夏目、手塚、飯沼、依田、多田、小國、山縣、清水、田尻、淺野、土岐、船木、石川？大家的苗字是以上其中一個嗎？或者是佐竹、武田、小笠原、秋山、南部、里見、新田、大館、今川、畠山、細川？在這裡面有大家的苗字嗎？這些都是源氏的苗字，而且屬於源氏中的清和源氏，也就是清和天皇的直系後代。而說到清和天皇，他是神武天皇血統的繼承人，我們以神武天皇為第一代天皇，他就是第五十六代天皇，擁有剛才我提到過的這些苗字的人們，他們的祖先近可以追溯到清和天皇，遠則可以追溯到神武天皇。

你說「我們家的苗字不一樣」？那麼你們家的苗字又是什麼呢？村岡、三浦、畠山、相馬、梶原、北條、名越、金澤、伊勢、杉原、和田、千葉？這些之中有哪一個是你的苗字？擁有這些苗字的人都屬於桓武平氏，是桓武天皇的直系後人，而說到桓武天皇，他是神武天皇的直系後代——第五十代天皇。

除了這些苗字之外，還有像近藤、進藤、武藤、尾藤這樣的苗字，如果算上佐藤、加藤、後藤、齋藤等的話就更多了。這些苗字和林、富樫、竹田、河合、稻津、結城、松田、佐野、波多野等苗字一樣，他們的先祖可追溯至左大臣藤原魚名。魚名是距今一千二百餘年前的人，他的祖父是藤原不比等，而不比等的父親就是大織冠藤原鎌足，這一位想必大家都知道，他是天智天皇的重臣。如果再追尋他們的先祖，會發現他們一族從太古時代起就是皇室的重臣，藤原氏是天種子命——這位是侍奉於神武天皇身側的大臣——的後人。如此一來，無論是齋藤也好，加藤也罷，佐藤也好，後藤也罷，又或者是前面提到的其他家族，都是神武天皇的重臣的後人，都是幫助神武天皇完成建國大業的英雄的子孫後代，這一點是毫無疑問的。

在距今兩百多年前的寬政四年（一七九二），有一位名叫柴野栗山的學者，他前往探訪神武天皇的御陵，看到當地荒涼的景象時心痛不已，詠了如下一首詩：

遺陵僅向路人求，半死孤松數畒丘。
非有聖神開帝統，誰教品庶脫夷流。

跳過中間的一部分，詩的結尾是這樣的：

百代本枝億不計，幾人來此一回頭。

柴野栗山要表達的意思是，神武天皇的御陵現在已經荒涼破敗，不為人所知，以至於現在要前來參拜都已十分困難，問了多位路人才好不容易找到正確的位置，到了一看卻發現神武天皇的御陵荒涼得只有小丘上一棵瀕死的松樹而已。如果沒有神武天皇領導日本民族建立日本這個國家的話，日本民族就一直是一盤散沙，無法脫離低級的生活，身為日本人怎麼能夠不感激神武天皇這個大恩人呢？不僅如此，日本人都是神武天皇的後代，由神武天皇至今經過約百代，換算成年數是兩千數百年，在這兩千餘年的時間裡他的直系（本）與分家（枝）不斷增加，子孫後代的人數也不斷增加，到現在恐怕已經可以以億為單位來計算了吧。可以說，神武天皇不僅是日本人的恩人，也是日本人共同的祖先，儘管如此，日本人卻誰也不來參拜神武天皇的御陵，這件事情是多麼悲哀啊。

這位柴野栗山是讚岐（現香川縣）出身的學者，他此後出仕幕府，是重新制定了幕府教育方針的偉大人物，他對於神武天皇的感激與崇敬之情也值得敬佩。

「百代本枝」這句話，如果我們反過來想的話可能更好理解：大家都有父母雙親，這就是兩個人；而父母又各自有父母雙親，也就是你的祖父母與外祖父母，這就是四個人；再往前數一代就有八個人，再往前數一代就是十六個人、三十二個人、六十四個人……一代以平均三十年來計算的話，從我們的世代往前數僅僅兩百年，你的先祖就有六十四人之多，把兩百年換成兩千年，祖先的數量會是一個驚人的數字，通過剛才的計算想必大家能夠理解這一點了。而且這不僅是一個人的事情，所有日本人都是一樣的，這麼一來我們可以說，整個日本民族生活在這個島國上的幾千年的時間中，不知不覺中都成為彼此的家人與親族，換言之，整個日本民族的血液都是相通的，日本民族是一個巨大的血緣親族團體。在這個巨大的血緣親族團體正中心的就是皇室，皇室是所有日本人的本家，而皇室的祖先就是完成了國家建設大業的第一代天皇——神武天皇。但是日本人忘記了神武天皇的偉業，沒有人前往神武天皇的御陵前參拜，柴野栗山感歎的就是這件事情，他能夠正確地認識到這一點並將它準確地表達出來，我們不得不佩服其淵博的知識與直率的情感。

神武天皇

那麼接下來我們來談一下神武天皇的經歷。他最初誕生在日向國（現在的宮崎縣），由於看到日本國分為無數小國互相爭鬥的混亂狀況，下定決心要將這個混亂的日本統一為一個偉大的國家，因此領軍出航，一路征服了宇佐（現在的大分縣境內）、岡田宮（推定位於現福岡縣境內，下同）、多祁理宮（現廣島縣境內）、高島宮（現岡山縣境內）等地，進入浪速地區（現大阪府境內），在由河內翻越生駒山進入大和地區（現奈良縣）時遇到了頑強的抵抗，天皇的兄長五瀨命也在作戰中身負重傷。這時天皇說：「我們是日神的子民，卻面向著太陽作戰，這才受到了神明的懲罰。假如我們崇敬神明，讓日神的光芒從背後照耀我們作戰，就一定能夠消滅敵人。」於是他率領大軍改變行軍路線，從大阪灣南下進入紀伊地區（現和歌山縣）。重傷的五瀨命在這裡不治身亡，被埋在了竈山。天皇繼續率軍進入熊野地區，這裡山勢險峻難以行軍，正當天皇受困於此之時，在夢中天照大神告訴他會派遣八咫烏為他帶路。大伴氏的先祖日臣命在八咫烏的引導下領兵前進，進入了宇陀地區（現奈良縣境內）。天皇登上宇陀的高倉山山頂遠望四方，發現四周都是抵抗天皇的人，從國見岳到磯城再到葛城地區，皆有抵抗天皇的「八十梟帥」。「八十」不是一個實數，而是古代日本常用來形容數量之多的形容詞，「梟帥」的意思則是勇敢之人，我們可以想像在大和地區原本就有諸多豪強，他們原本互相爭鬥不休，但現在轉向一致對抗神武天皇。天皇逐一瓦解了他們的勢力，在與最後一個抵抗者長髓彥作戰的時候，由於對方的頑強抵抗，天皇的軍隊久攻不下，陷入了苦戰。就在這時，天氣轉陰，下起了冰雨，一隻神奇的金鵄停在神武天皇所持之弓的頂端，發出閃電般耀眼的光芒，使得賊兵目不能視、難以作戰。長髓彥的部下裡有一位叫作饒速日命的人，他原本是神武天皇的同族，看到長髓彥冥頑不靈、執迷不悟，於是就殺死長髓彥、歸順神武天皇。這就是後來物部氏的祖先，物部氏一族長久以來都以其武勇守護國家。

最終，天皇平定了四方的「八十梟帥」，在橿原宮即位。世人為了讚頌神武天皇的武功，自古以來稱他為「於畝傍之橿原也。太立宮柱於底磐之根。峻峙搏風於高天之原。而始馭天下之天皇。」尊其名為「神日本磐余彥天皇」，漢風諡號神武天皇。

目前為止，我們快速了解了神武天皇的一生，但毫無疑問，神武天皇的東征建國是一件極為重要的大事，絕不是一件能夠輕易完成的事。據《日本書紀》的記載，天皇從離開日向國到最終平定大和地區，一共花了六年的時間；而據《古事記》的記載，天皇單是途中停留在各地的時間就達十五年之久，這麼算起來，最終完成整個東征花了十七八年的時間。建設國家就是這樣一件如此重大而又艱難的事情。如果看近代的例子，美國的《獨立宣言》是在西元一七七六年頒佈的，但是之後華盛頓領導的軍隊陷入苦戰，直到一七八三年美國的獨立才最終得到承認，這一過程長達八年。而中國的諸多王朝中，最強大並且持續時間最長的是漢朝，它的初代皇帝名叫劉邦，劉邦舉兵推翻秦朝統治就花了近四年時間，在秦亡之後又用了近五年時間與項羽爭奪天下，從舉兵到建國，花了八年多的時間，經歷無數艱辛，最終才登上了皇帝的寶座，建立了漢朝。而且項羽也是自稱「力拔山兮氣蓋世」的大英雄、大豪傑，劉邦與他的戰鬥過程極其艱苦，由此我們可以知道神武天皇面對割據四方的「八十梟帥」時，或是通過武力征服，或是使其心悅誠服地歸降，最終完成日本民族的統一大業，這究竟是多麼不易。正是因為神武天皇有著統一日本民族的偉大理想，並為這一理想付出了終生的努力，無論經歷了怎樣的困難都沒有退縮，才能最終實現日本民族的統一。後世被他的英雄氣質所感動，給他獻上了「神武天皇」的謚號。

◎皇紀（上）

六國史

神武天皇的國家建設對於日本而言，確實是一件非常偉大而又重要的事件，然而關於這麼重要的一件事情，我們卻還無法正確而詳細地知道其中很多具體內容，這是因為當時的歷史沒有留下記錄。而要說為什麼沒能留下記錄的話，很不幸的是當時的日本還沒有文字。當時的日本人還沒有發明出文字，也沒有從外國引入文字。

在中國，使用文字的歷史很悠久，早在數千年前就已有書籍。漢字首先傳到朝鮮，然後經由朝鮮進入日本，此時正值應神天皇在位。阿直岐、王仁、阿知使主先後在應神天皇十五年、十六年、二十年來到日本定居，將學問傳到日本。王仁是漢高祖的子孫、西文氏的祖先，而阿知使主則是東漢靈帝的子孫、東文氏的祖先。他們以學問出仕朝廷，此後不久日本的歷史開始被記錄下來，在此之前的事情都是靠口述相傳流傳下來的。現在我們說起口述傳說，會覺得非常靠不住，但這是因為現在的人們可以依賴文字記錄，記憶力反而衰退了。即使是現在，在那些不怎麼依賴文字的人裡，仍然有記憶力強大得令人震驚的人存在，更不用說古時候的人了。而且在太古時代，有一群叫作語部的人，他們的本職工作就是把故事背下來並傳給後代，因此即使沒有當時的文字記錄，上古時代事情的大致經過仍然能夠流傳下來。這些事情從應神天皇的時代開始，逐漸被文字記錄下來。第一次整理這些記錄並編纂日本歷史的人是聖德太子，他在推古天皇二十八年的時候編纂了《天皇記》《國記》和其他歷史書。這些書籍由蘇我氏保管，但蘇我氏在皇極天皇在位時的大化革新中滅亡了，《天皇記》《國記》等書籍也在那時被付之一炬，只有其中一小部分被搶救出來，回到了朝廷手中。然而畢竟這部分記錄十分片面，而且各家的記錄也有許多謬誤，於是在第四十代的神武天皇時，朝廷將這些記錄重新整理了一遍，並對之前各家口述傳說中的謬誤也進行了修正，然後將這些內容全部交給一個名叫稗田阿禮的人，讓他背誦。接受這道敕命的稗田阿禮時年二十八歲，是個十分聰明、有著過目不忘之才的人。然而人的壽命總有盡頭，第四十三代的元明天皇命令擁有深厚漢文教養的太安萬呂，將稗田阿禮背誦的東西全部用文字記錄下來。太安萬呂花費幾個月的時間，最終在和銅五年（七一二）正月完成了全文並將它獻給天皇，這就是有名的《古事記》，它分為上、中、下三卷。

《古事記》是根據舊來的口述傳說編寫的書籍，與此不同，自聖德太子以來，朝廷就在推進一個編纂日本歷史的計畫，希望通過歷史學家們的不懈努力，參考外國的歷史記載，整理各家的記錄，由此補充口述歷史中缺乏的年月記錄，進而編纂一部集大成的日本歷史書。這項計畫最終在第四十四代元正天皇養老四年（七二〇）五月完成，由擔任總編的舍人親王獻給天皇，這就是《日本書紀》。《日本書紀》的內容更為詳細，共有三十卷。這是日本的第一部正史，當時就非常受到重視，此後日本接連編纂了它的續篇，依次是《續日本紀》《日本後紀》《續日本後紀》《文德實錄》《三代實錄》，這五本正史與《日本書紀》

並稱「六國史」。

紀年混亂

如前所述，現存日本編纂的第一本歷史書是《古事記》，在此之後的是《日本書紀》，然而《古事記》是在第四十三代元明天皇時代成書的，《日本書紀》的成書時間則是第四十四代元正天皇時代，那時距離第一代神武天皇時代，已經過去了四十幾代，以年月來計算的話則至少過去了一千年左右的時間。即使我們假設從應神天皇時代起，日本就逐漸開始以漢字記載歷史，而這些記錄也在此後成為《古事記》和《日本書紀》的材料，但是應神天皇也已經是第十五代天皇了，離神武天皇還有十幾代人的距離。這十幾代人的歷史沒有文字記錄，完全靠著口述流傳下來，關於建國時的事情，因為不同人的口述而產生一些差異，這也是沒有辦法的事情。因此關於神武天皇的東征，《古事記》裡記載他在安藝國

（現廣島縣）停留了七年、在吉備國（現岡山縣）停留了八年，而《日本書紀》裡則將前者的時間記為約七十天，而後者的時間也不過三年，兩者之間出現了巨大的差異。不過，雖然在這些細節上存在這樣那樣的差異，但關於事件大致經過的記錄都是一致的，例如關於天皇東征道路和停留區域的記載都相吻合，因此我們可以認為神武天皇東征的事情確實曾經發生過。

然而有一件事情非常麻煩。《古事記》裡雖然記錄了歷代天皇的名字以及他們在位期間發生過的事情，卻沒有記載這件事情發生在什麼時候，也沒有記載這件事情和下一件事情之間相隔多久的時間。也就是說，雖然《古事記》作為一部故事集很有趣，但是想要列一個年表，用時間順序整理其中記載的事情，卻是一件不可能的事情。相對地，《日本書紀》則明確地記載了年份，時間的經過與事件的發生可以一一對應。尤其是明確地記載了神武天皇即位於辛酉年春正月朔日，日本的紀年就以此為元年，由此算出的紀年稱為皇紀。以皇紀來計算的話，昭和四十五年（一九七〇）相當於皇紀二千六百三十年。

然而，《日本書紀》的紀年也有一個問題，那就是在古代有許多長壽的人。

如果說長壽只是八九十歲的話可能還可以理解，但是動輒百餘歲甚至二百餘歲的人還在繼續活動，這就不得不說十分可疑了。這樣的問題同樣也發生在不重視紀年的《古事紀》裡，因此我們可以知道在《古事記》和《日本書紀》編纂之前，就產生了年代記述上的混亂，因而對兩者的記載產生了影響。也有人對於《古事記》與《日本書紀》過分崇敬，以至於完全相信兩者中明顯不實的記述，這一點並不可取。例如神武天皇，據《古事記》來計算他的歲數是一百三十七歲，據《日本書紀》算來也有一百二十七歲；同樣地，第十代崇神天皇，據《古事記》他的年齡高達一百六十八歲，而《日本書紀》中記載他也有一百二十歲。即使我們都相信前述的年齡，還有完全無法解釋的問題，那就是第十四代的仲哀天皇。仲哀天皇是日本武尊之子，然而如果完全相信《日本書紀》的記載的話，仲哀天皇的誕生是在日本武尊去世三十六年之後。這件事情無論如何都無法解釋，因此我們可以明確地說，《日本書紀》中的紀年有很大的問題，而這個問題也同樣影響到了《古事記》的記載。由此可見，在這兩部著作成書很久以前，就已經發生了紀年的混亂，或者說出現了明顯過長的紀年，這一點是毫無疑問的。

◎皇紀（下）

讖緯之學

前文提到日本歷史的上古時代存在紀年混亂的問題，究其原因，是由於古人錯誤地採用了外國的歷史法則。中國自古以來就有一種觀點，他們相信歷史存在特定的法則，因此只要能夠掌握這一法則，就能夠對歷史做出準確的預言。在中國的歷史書中，司馬遷所著的《史記》歷史悠久且聲名遠揚。比起《日本書紀》與《古事記》，《史記》的成書時間要早八百餘年。根據《史記》中的記錄，在經歷紛亂的戰國亂世之後，秦始皇以武力平定六國，終結了戰亂。他在石碑上刻下碑文誇耀自己的功績，並修建了足以收容一萬人以上的宮殿，風光無限。然而，秦朝只是依靠強大的武力獲得了天下，既無仁德也無人望，因此秦始皇心中一直有不知何時會發生叛亂的不安。這時就有一個人拿著預言書前來拜見秦始皇，書中寫著「亡秦者，胡也」的預言。秦始皇以為預言中的「胡」指的是北方的異民族也就是匈奴，因此命令一位名叫蒙恬的將軍率領三十萬大軍討伐匈奴，同時為了防止匈奴南下，開始修築萬里長城。然而四五年後秦始皇病逝，他的兒子胡亥繼位，是為秦二世。胡亥為了誇示其權威，更加嚴刑峻法地統治天下，很快就引發了叛亂，秦二世在繼位短短三年後就被迫自殺，不久後秦朝也滅亡了。也就是說，預言書中所說的「亡秦者，胡也」的「胡」，指的並不是匈奴，而是秦二世胡亥。

在秦帝國滅亡後，統一天下並建立起大帝國的是漢王朝。漢王朝在持續了二百餘年之後一度由於王莽的篡權而滅亡，此後重建漢王朝的是東漢的光武帝。這位光武帝劉秀，在他還是平民百姓的時候，曾經有人預言他天生註定要承擔再興漢王朝的使命，光武帝聞言大為振奮，由此定下了奮起重振漢王朝的志向。後來這一預言果然成真，光武帝登基之後，預言命運的學問也流行起來，我們稱這種學說為讖緯學。讖緯學認為人生中發生的所有事情都受到某種特定法則的支配，人生的軌跡絕不會因為偶然發生的變化而改變，因此只要理解這一法則，抓住變化的前兆，就能夠正確地預測、預言將要發生的事情。

讖緯學在東漢時期十分興盛，然而東漢滅亡之後，晉朝禁止了這一學說，此後的隋朝也嚴厲取締這門學說，燒毀相關書籍，並嚴格地處罰宣傳讖緯學的人，因此讖緯之學在中國逐漸衰落。然而它在衰落之前，就已經傳播到了朝鮮，並經由朝鮮跨過大海傳到了日本。

如前所述，日本開始整理本國的歷史是在推古天皇在位的時代，也正因為如此，這位天皇的漢風諡號才使用「推古」兩字。聖德太子受這位推古天皇的敕命，研究整理上古的歷史，編纂《天皇記》《國記》等書，當時參與這項工作的人中，有大量來自朝鮮的歸化人[5]學者。如前文已述，漢高祖的子孫在漢朝滅亡後移居百濟，在王仁這一代歸化日本，成為西文氏的先祖，而東漢靈帝的子孫也在阿知使主這一代歸化日本，成為東文氏的先祖。毫無疑問，這些人的子孫後代參與了歷史的編纂。而日本古來口耳相傳的歷史故事，雖然內容有趣，卻無法知道發生的具體時間。為了解決這一問題，將這些故事按時間序列整理時，當時的學者們採用了在東漢風行一時的讖緯之學。

讖緯學最主要的主張有兩點：㈠辛酉年是歷史的重要轉捩點；㈡歷史以一千二百六十年為單位循環往復。

㈠中的辛酉年，每隔六十年會出現一次，因此歷史每隔六十年就會發生一個巨大的變化；而㈡中提到的每一千二百六十年歷史時代會發生變化，這變化也會發生在辛酉年。

紀元元年

我們先確定讖緯學的這一基本原則，再來看推古朝發生過的事情。由於聰慧

5 歸化人是指古時從中國、朝鮮等大陸國家前往日本並長期定居於此的人及其子孫，這個詞由於具有一定政治傾向，在戰後逐漸被「渡來人」這一中性詞取代。——譯者註

的聖德太子大力推進外國文化的引進，使得日本在政治、外交、學問、文化等所有方面的水準都煥然一新，當時的人們將此視為一個新時代的起點也是理所當然的。因為時代的變革必須發生在辛酉年，而推古天皇九年正值辛酉歲，想必這一年就被視為了新時代的開端。這麼一來，日本的歷史在此結束了第一個時代，進入了第二個時代。而以這一年為元年回顧日本的歷史，第一時代的開始自然是神武天皇建國的時候，而這一變革必須發生在辛酉年，那麼就是由推古九年向前倒推一千二百六十年，想必當時的日本人是這麼推算的。《日本書紀》就是基於這一推理，因此得出了以下紀年：

一、神武天皇即位發生在皇紀元年的辛酉年；

二、推古天皇八年的庚申年，是皇紀一千二百六十年，這一年是時代的變革點；

三、推古九年辛酉年，是新時代的起點。

這是根據當時在漢學者間有巨大影響力的讖緯學來推算的結果，而現在的我們可以知道這並不是事實。問題在於從神武天皇到推古天皇之間的時間並沒有一千二百六十年這麼長。正是因為附會讖緯學的觀點，將原本較短的時間延長到一千二百六十年，才出現歷代天皇與古時候活躍過的人物的壽命異常長久的問題。

如此說來，是不是說日本歷史的古代部分就是一團迷霧無法確定了呢？事實上並不是這樣的。雖然在年代推定上受到讖緯學的影響，年代被拉長了，但是讖緯學的影響並不能介入歷史事實，因此這些曾經發生過的事情都是可以相信的。舉個例子，如果由於讖緯學的影響，當時的人們在記載的歷史事實上都動過手腳的話，那麼他們只要再多捏造十幾代天皇的存在，將從神武天皇到推古天皇之間的三十三代天皇用這些捏造的人物增加到四十五、六位，現在我們看到天皇壽命過長的問題就能得到完美解決。正因為他們沒有這麼做，而是將天皇的年齡延長以符合讖緯學一千二百六十年的要求，我們可以相信古人對於故事本身幾乎沒有進行任何改動，只不過是使得天皇的年齡被延長了而已。

接下來，讓我們來考慮一下古代的年份究竟被延長了多少這個問題。中國大陸上循環往復地延續著一個國家建立後滅亡、滅亡之後又有一個新的國家興起的過程，這些國家的歷史都流傳了下來，其中有一部史書稱為《宋書》。《宋書》裡記載了宋朝與日本的交涉，那是發生在宋武帝永初二年（四二一）的事情，在那一年與宋朝交涉的是日本的仁德天皇[6]。仁德天皇是第十六代天皇，由他向前追溯十五代就是神武天皇的時代；以常識而言，一代天皇的平均在位時間大約是三十年，因此向前追溯三十年的十五倍，也就是四百五十年左右，那就是日本建國的時間了。這也就是說，比起現實的時間，皇紀實際上被延長了五百年至六百年。

這麼一說，大家或許會輕視皇紀的意義，或者是產生為什麼我們不重新改定皇紀的疑問，但是皇紀紀年上的錯誤就和戶籍的錯誤性質類似，一旦這一錯誤被採用，之後要想重新改正，不僅會產生各式各樣的問題，有時候也不知道究竟應該根據什麼、怎樣改正。事實上，出現這一問題的也並不僅限於皇紀。世界各國、各民族、各宗教採用了許多種紀元方式，仔細考證後就會發現，幾乎所有的紀元方式都存在與歷史事實有出入的問題。例如，昭和四十五年（一九七〇），以其他各宗教的紀元來算的話分別如下：

印度教紀元：二〇二六年
回教紀元：一三四九年
共濟會紀元：五九七〇年
猶太教紀元：五七三〇年
君士坦丁堡紀元：七四七八年
亞歷山大紀元：七四六二年
馬其頓紀元：二二八一年
西班牙紀元：二〇〇八年
波斯紀元：一三三九年
基督教紀元（西曆）：一九七〇年

6 這裡指的是《宋書》中記載的倭王武上表一事，事實上經過這些年的研究，倭王武已經被確定為第二十一代雄略天皇，而非平泉澄所認為的仁德天皇。關於倭王武與雄略天皇的對應關係，可參見稻荷山古墳出土鐵劍銘文的相關研究。——譯者註大家看到這些紀元有什麼想法呢？除了最後的基督教紀元以外，其他各個紀元很難說都真實地反映了歷史事實。然而即使是基督教紀元，也和歷史事實有一定的出入。眾所周知，基督教紀元是以耶穌基督誕生的那一年作為西元元年的，然而這只是通說，實際上關於耶穌基督誕生時間的計算有誤，他並不是出生在現在推算出來的西元元年。那麼耶穌基督究竟出生在哪一年呢？問題就在於此，諸多學者對此的解釋各不相同，有人認為是西元前二年，也有人認為是西元前四年、前五年、前六年、前七年……事實上，我們並不能確定耶穌究竟出生在哪一年。

如前所述，日本的古代史雖然存在著年歲被過度延長的問題，但是這個問題在世界各國的歷史中普遍存在，並非日本獨有；而且需要為這一問題負責的是從中國傳來的讖緯學，而不是日本歷史本身。

總而言之，在這裡我要說明的就是以昭和四十五年為皇紀兩千六百三十年的日本紀元，在後來通過計算發現，這兩千六百三十年的時間裡有五百年左右的誤差。然而，正是因為日本歷史古老而悠久，才出現了這樣的誤差，這是值得高興與自豪的事情，並沒有必要為此擔心。

神代（上）

神話

神武天皇建設國家發生在距今兩千餘年前，然而這只是日本民族在神武天皇的指導下，以神武天皇為中心，團結一致向著一個偉大理想開始邁步前進的時間，日本民族本身則在這之前就已經存在了。尤其是神武天皇一家，也就是皇室的祖先，自古以來就是光輝照人的高貴家系，自然是世代積德。這些事蹟口耳相傳，其中一部分內容出現了差異，這一點我們通過《古事記》的上卷以及《日本書紀》神代卷的記載可以知道得很清楚。尤其是《日本書紀》，它並沒有將各個互相有出入的傳說統一編為一個故事，而是尊重各個傳說版本，以「一書曰」的形式將不同的說法都記錄了下來，《日本書紀》的這一編纂特徵令人十分慶幸。

世人將這些神代的傳說故事稱為神話，認為都是些不足為信的不可思議的故事，因而也有很多人輕視它們的意義，但是如果這麼說的話，那麼外國的那些古老傳說也都一樣不可相信了。例如在中國的傳說裡，最初的王其實是人首蛇身的怪物，此後的王同樣是人首蛇身，而再之後的王則是牛首人身[7]。西洋神話中也有亞當與夏娃裸體現世、食禁果而為人類起源的傳說。

如果以現在的知識對神話原本的姿態加以批判，那麼自然所有的神話都顯得荒誕無稽，不足為信又毫無價值；但是其實神話之中隱藏著古代的宗教、哲學、歷史、道德、風俗、習慣，我們可以從一個民族的神話了解這個民族的世界觀與人生觀，以及他們的智慧與道德，因此可以說神話是極為重要的資料。

那麼回過頭來，讓我們看一下日本的神話。據日本神話傳說，在天地初生，也就是創造世界的時候，最初出現的神是如下幾位：

《古事記》中記載的是天之御中主神；

《日本書紀》中記載的是國常立尊，

《日本書紀》的一書（甲）與日本書紀的記載相同，為國常立尊，

一書（乙）中的記載則是可美葦牙彥舅尊，

一書（丙）與一書（乙）的記載相同，

一書（丁）中的記載則是國常立尊，

一書（戊）與一書（丁）的記載相同，

一書（己）中的記載則是天常立尊。

如前所述，各版本的記載之間或是神明的名字不同，或是神明出現的順序不一，然而在奉他們為神這一點上所有的版本都是一致的，我認為這一點非常重要。為什麼這麼說呢？那是因為一個民族如何認識自己的祖先，是將自己視為從動物進化而來的，還是從野蠻的人類發展或是墮落而成的，又或者認為自己是神的後裔，這一認識基點的差異會對這個民族的宗教、道德、政治都產生巨大的

7　其所指的依次為伏羲、女媧、神農。——譯者註

影響。簡單地信奉進化論的人容易說出人是由猴子進化而來的這種話，但是猴子不管怎麼變都是猴子。有誰見到過動物園裡的小猴子變成人的例子？猴子是猴子，人是人，這是完全不同的，誤解這一點反而認為猴子才是自己祖先的話，就不會產生祖先崇拜，也就不會為了感謝先祖的恩德而舉辦嚴肅的祭祀活動。日本民族正是由於相信自己的祖先是神明，才會世世代代地相信、尊敬、祭祀祖先與神靈，因此日本民族的生活才是現在這樣的以「侍奉」為先，才會世世代代都以「謹」「敬」為尊，以「驕奢」「自滿」為恥。這一點就是在神代卷中需首先注意的事情。

創造天地

在最初的神出現後，又先後誕生了數位神靈，終於，伊弉諾尊（男神）與伊弉冉尊（女神）帶著創造天地國家的使命現世。他們站在天浮橋上，以天之瓊矛指向下界，不斷攪拌海水，由此誕生了青海原；而當他們將矛收起來時，從矛的尖端滴下的海水凝結成了一個島，這就是所謂的「自凝島」。伊弉諾尊與伊弉冉尊降臨在這座島上，在這裡誕下了他們的孩子，也就是日本諸島。

關於孩子們誕生的順序，不同的傳說中有不同的說法，通說是「淡路島、大日本豐秋津島、伊予二名島、筑紫島、對馬島、壹岐島、佐渡島、隱岐島」的順序，由於這八個島，日本也被稱為大八島國。此後二神又先後誕下了海神、河神、山神、風神、木神、草神，這就是日本國的山川草木之神。

此後二神為統領管理這片國土，誕下了天照大神（日神），卻覺得這位神明過於尊貴，不應長留在這片土地上而將她送回天上；接下來二神又誕下了月讀尊（月神），也同樣由於其光輝美麗將其送回了天上；此後誕生下的就是素戔鳴尊，這位神明生性勇猛，多有傷害人民之事，又因為他有號哭的習性，一旦哭起來，就會讓美麗的青山也變得荒蕪，因此父母二神商量後，將他放逐到了根國。素戔鳴尊接受父母的命令，準備前往根國，然而他提出希望能夠在出發之前前往高天原，與姐姐天照大神見面道別後再前往根國，父母二神同意了他的請求。

天石窟

於是素戔嗚尊動身前往高天原，然而由於他是一位造成動盪的荒神，因此隨著他的移動，海上興起大浪，山上也刮起了大風，國土震動，天地皆鳴。天照大神聽到這些聲音，認為素戔嗚尊一定是懷有異心前來見她的，於是盤起髮髻、帶上弓箭，全副武裝等待素戔嗚尊的到來。素戔嗚尊辯解說自己絕對沒有邪惡的用心，於是兩神約定起誓。首先，天照大神取來素戔嗚尊的劍，將其折為三段，在天之真名井中清洗之後含入嘴中嚼碎，之後吐息生成了三位女神，這就是宗像三女神；其次，素戔嗚尊取過天照大神用來盤髮髻的勾玉，同樣在天之真名井中洗過之後嚼碎，吐息生成了五位神明，首先誕生的是天忍穗耳尊，接下來是天穗日命，此後又接連誕生了三位神明。天照大神認為之前的宗像三女神是由素戔嗚尊的劍所生成的，因此都是素戔嗚尊的孩子；而後來的五位神明是由自己的勾玉所生，因此是自己的孩子。

之後素戔嗚尊開始做出種種狂暴的舉動，他弄壞天照大神的農田，妨礙耕作，在紡織工房的房頂開了一個洞，並往房裡丟進一隻剝去外皮的馬，嚇壞了正在紡織的神明。天照大神被素戔嗚尊的行為嚇得躲進天石窟裡不肯出來，因此高天原變得漆黑一片，而葦原中國也就是日本國土也變得陰暗無光，彷彿進入了永夜。《古事記》裡針對這時的狀況有如下的記載，說當時「惡神之聲，如狹蠅皆滿，萬物之妖悉發」。

於是八百萬神明聚集在天安河原，由思兼神出謀劃策，做好種種準備，開始祈禱。中臣氏的祖先天兒屋命和忌部的祖先太玉命從天香具山上連根拔來真賢木，在最上面的樹枝上掛上了八坂瓊勾玉，在中間的樹枝上掛上了八咫鏡，在下面的樹枝上掛上了青和幣與白和幣，由太玉命捧著這些祭器，而由天兒屋命誦讀祝詞。同時，由天鈿女命在天石窟前表演滑稽的舞蹈，引發了八百萬眾神的大笑。由於笑聲實在是太過響亮，天照大神感到好奇，於是將石窟的門打開了一個小縫，窺視外面的情況，這時躲在門邊上的手力雄神一把抓住天照大神的手，將她從石窟中拉了出來，太玉命抓住機會在石窟門口掛上了注連繩，讓天照大神無法再躲回石窟，於是高天原和葦原中國又恢復了原來的光亮。

這一系列事件的起因都是素戔嗚尊的暴行，因此諸神追究他的責任，拔去了他手腳的指甲，並將他驅逐出了高天原。

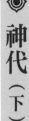

神代（下）

八岐大蛇

素戔鳴尊被逐出高天原，踏上了前往根國的旅程，這一路十分艱辛，途中暴雨不止，素戔鳴尊多次向諸神請求借宿卻一一被拒絕，於是只能在這暴雨狂風之中來到了出雲國的簸之川上。這時素戔鳴尊聽見有人哭泣的聲音，心中感到奇怪，於是就前去查看情況，便看到一對老年夫婦抱著一位少女哭泣。

素戔鳴尊不禁發問：「究竟發生了什麼事？」老夫婦回答道：「我們是出雲國的國神，老翁的名字叫作腳摩乳，老嫗的名字叫作手摩乳，少女是我們的女兒奇稻田姬。我們原本有八個女兒，八岐大蛇卻每年要走一個女兒做貢品，今年最後的奇稻田姬也要被八岐大蛇吞下肚了，我們想逃跑卻沒有辦法，因此才在這裡哭泣。」

聞言，素戔嗚尊說：「既然如此，那麼你們能把這個女兒嫁給我嗎？」老夫婦回答：「就按照您說的辦吧。」於是素戔嗚尊向奇稻田姬施加了法術，將她變為湯津爪櫛[8]插在自己的髮髻上，在房子周圍設置了垣牆，牆上開了八個門，每個門內都設有一個祭壇，祭壇上放著一個裝滿酒的船型大碗，就等著八岐大蛇的到來。

八岐大蛇來後，將頭分別從八個門中探入房內，喝乾了八個酒碗中的酒，就這麼醉倒睡著了。於是素戔嗚尊拔劍斬殺了八岐大蛇，將它斬成數段，在斬向大蛇的尾巴時劍刃卻崩壞了，素戔嗚尊感到奇怪，於是劃開大蛇的尾巴查看，在其中發現了一柄鋒利的太刀，於是取出它並將其獻給了天照大神，這就是有名的天叢雲劍。

此後，素戔嗚尊前往出雲國的清地，在此與奇稻田姬結婚，生下了大己貴神。大己貴神也叫大國主神，關於他的口述傳說記錄有一些混亂，有的地方說大國主神是素戔嗚尊的兒子，也有的傳說認為在素戔嗚尊和大國主神之間還有四代神明，大國主神是素戔鳴尊的第六代子孫。

稻羽白兔

關於大國主神有種種有趣的傳說故事，其中之一是著名的稻羽（因幡地區，現在的鳥取縣）白兔的傳說。

大國主神有許多兄弟，據《古事記》記載，他有兄弟八十人，大國主神與他的兄弟們一起前往稻羽時，他的兄弟們要求大國主神幫他們背行李，就像是他們的奴僕一樣。他們在海邊見到一隻赤裸的兔子，兄弟們捉弄兔子，讓牠洗了個海水浴，並到高山之上吹山風。兔子照辦之後，身上的海水蒸發，皮毛脫落，疼痛不已。大國主神來到此處時，見到流淚的兔子就詢問詳情，兔子告訴他：「我從

8 日本古代梳子的一種。——譯者註

隱岐島出發，原本想渡海來這邊，卻沒有渡海的手段，就欺騙海中的鯊魚說，我們來比一比兔子的數量與鯊魚的數量誰更多吧。我讓鯊魚全部集合，要他們從隱岐島到稻羽為止排成一列，我只要從他們背上走過就能計算他們的數量了。我一路過來都很順利，終於在就要到海岸邊上的時候忍不住嘲笑他們，告訴他們『你們都被我騙啦』，結果最後一隻鯊魚很生氣，抓住了我並剝掉了我的皮毛。就在我傷心的時候，八十神路過並告訴我可以去洗個海水澡再去吹風（就會舒服些），我照做了，結果就像現在這樣疼痛異常。」

大國主神聽聞後告訴兔子趕緊用清水洗淨身體，之後在扯碎了的蒲穗上打滾，即可治好傷口。據說大國主神就是因為有這樣的仁德之心、行這樣的善行，才在與八十位兄弟們的競爭中獲勝，獲得了廣大的國土。

據其他的傳說，大國主神與一位名為少彥名命的神明齊心協力，制訂了治療人畜疾病的方法，又為了排除鳥獸與昆蟲的災害，將巫術傳授給人們，因此人們都感謝他的恩德。正由於他有這樣的仁義之行，其國土擴張得很大，家族也繁榮昌盛，據說他的兒子共有一百八十一位之多。

天孫降臨

讓我們將回歸主題。伊弉諾尊與伊弉冉尊原本是要生下管理大八島國的主神，然而天照大神卻被他們送往了高天原，月讀尊也與天照大神一樣升上了天界，而素戔嗚尊則被流放去了根國，因此大八島國還沒有實際上的統治者。於是天照大神準備讓自己的兒子天忍穗耳尊下凡管理這片國土，天忍穗耳尊站在天浮橋上視察下界的情勢，發現這個國家動盪不已，於是折返高天原向天照大神報告了這一情況。天照大神在天安河的河原上召集八百萬眾神，向他們徵求意見，要他們推薦一個合適的人選來平定葦原中國的動盪。眾神推薦了天穗日命，然而這位天穗日命為大國主神所折服，歷經三年也沒有回來報告；於是天照大神又一次召集諸神，這回決定派遣天稚彥前往，但是他與下照姬結婚之後就滯留在葦原中國，時隔八年也沒有回來報告。天照大神覺得奇怪，就派遣無名雉前往查看天稚彥的情況，結果無名雉剛停在天稚彥家門前的樹上，就被天稚彥一箭射死了。這一箭貫穿無名雉的胸膛，直接飛到了高天原，高天原上的神明抓住這支箭丟回葦原中國，結果這一箭射中了天稚彥，於是天稚彥也就此斃命。

高天原由於連續兩次派遣使者都徒勞無功，因此這回就仔細地挑選人選，決定派遣建御雷神和經津主神前往。這兩位神明來到出雲國的海濱，拔出十握劍倒插在地上，憑藉著劍的鋒利，有恃無恐地與大國主神交涉，問他是否有意將國土讓給皇孫尊。大國主神說要與其子事代主神商議後才能給出答覆，因為事代主神同意了讓國一事，兩位神明就返回高天原報告了。

經過了如此這般複雜的交涉，時間也過去了很久，最終下凡來到葦原中國的並非天忍穗耳尊，而是其子天津彥彥火瓊瓊杵尊，由於這一位是天照大神的孫子，因此也被稱為皇孫尊。在他降臨之時，天照大神賜給他八坂瓊勾玉、八咫鏡與天叢雲劍這三件神器，同時派中臣氏的先祖天兒屋命、忌部氏的先祖太玉命、猿女君的先祖天鈿女命、鏡作氏的先祖石凝姥命及玉作氏的先祖玉屋命這五位神明與他一起降臨葦原中國。同時，她說「葦原千五百秋之瑞穗國，是吾子孫可王之地也。宜爾皇孫就而治焉。行矣，寶祚之隆，當與天壤無窮者矣」，為天孫的前途進行了祝福，並保證了他們的榮光。《日本書紀》中如此描寫天孫降臨時的場景：「皇孫於是脫離天磐座，排分天八重雲，稜威道別道別、而天降之也。果如先期，皇孫則到筑紫日向高千穗襲觸之峰。」

海幸與山幸

瓊瓊杵尊有兩個兒子，兄長名叫火闌降命，弟弟名叫彥火火出見尊，這兩兄弟之間產生了問題。哥哥有海之幸而弟弟有山之幸，有一次兩人提議交換雙方的道具，於是哥哥拿了弟弟的弓箭前往山裡，弟弟則拿起了哥哥的釣鉤前往海邊，結果兩人都沒能打到獵物，只得空手而歸。哥哥將弓箭還了回來，弟弟卻因為將釣鉤丟在了海裡無法交還，弟弟提出賠償哥哥一個新的釣鉤，哥哥卻不同意。弟弟傷心地在海邊徘徊尋找釣鉤的時候，出現了一位鹽土老翁，做了一個無目籠，將弟弟裝在裡面沉入了海底。弟弟下到海底，前往海神的宮殿，在門前的樹上休息，不久之後宮殿的門被打開，走出來一位美女，在門前的水井中打水。由於打上來的水中倒映著一位英俊男子的面龐，她吃了一驚，抬頭一看就發現了樹上的彥火火出見尊，忙將此事報告給雙親，一家三口出來迎接彥火火出見尊的到來，並得知了他的難處。

他們說：「這件事情好辦，只要把魚兒們都召集起來一查就知道了。」然而，魚兒們紛紛表示不知情，只有赤鯛魚由於口中有病沒能出席，他們將赤鯛招來查看牠口內，就發現了釣鉤，於是將這個釣鉤還給了彥火火出見尊。彥火火出見尊與海神的女兒結婚，在海底的宮殿住了三年之後終於要返回故鄉，海神在送別時獻上了兩塊玉，分別是潮滿瓊和潮涸瓊。弟弟回家後將釣鉤還給哥哥，哥哥卻仍然有意刁難他，於是弟弟用潮滿瓊招來海水，哥哥被浸在海水中奄奄一息的時候終於後悔、開口求饒，弟弟見到哥哥有心改過就用潮涸瓊讓海水退去，救了哥哥一命。

這位彥火火出見尊的兒子是鸕鷀草葺不合尊，他的兒子是神日本磐餘彥尊，也就是神武天皇。

日本神話的特色

以上我們簡單介紹了神武天皇以前，被稱為神代的時代故事。《日本書紀》與《古事記》中的記載多少有些差異，尤其是《日本書紀》會在正文之後以「一書曰」的形式，記載各種與正文有出入的其他傳說，然而故事的主旨基本沒有變化。

這裡我們需要注意的是神話的一個特色，那就是日本列島與島上的人一樣，都為神所生。也就是說，日本人的先祖們不將山河國土視為與自身不同的東西，而是同等視為神的產物，換言之，彼此就像是血濃於水的兄弟一樣，有著極為親近的感情。如此這般，對山河自然與動植物們都懷有一份溫暖的感情，我認為這一點對於養成日本人美好而優雅的國民性，起了十分重要的作用。

神話的另一個特色是其中很少有悲慘、冷酷、兇惡的陰暗面的故事，而多數是輕鬆愉快的情節。我之前也曾說過，別的地方的神話裡有人類由怪物而生的敘述，或是認為人類是罪惡的產物，又或者有充滿了殘殺、姦淫、猥褻的內容，而日本的神話中則很少有這樣陰暗的一面，無論是大國主神與稻羽的白兔的故事也好，還是彥火火出見尊與赤鯛的故事也好，都是些有趣又輕鬆的故事。

至於皇孫瓊瓊杵尊降臨之時，天照大神下達的天壤無窮的神敕與三種神器的故事，以及天孫降臨時排雲而下的場面，則充滿了莊嚴與神聖感。所謂的「天壤無窮」，指的是瓊瓊杵尊的子孫「世世代代作為日本國的統治者，繼承天皇寶座，肩負這一光輝使命與沉重責任，直到永遠」，也就是說，這是大神的宣言和誓約。大家知道基督教的《聖經》吧，《聖經》分為《舊約》與《新約》兩部分，而所謂的「約」（testament）就是契約，也就是說《聖經》的內容其實是神與人類的契約，這一契約在日本就表現為「天壤無窮」的神敕。

神武天皇建設國家，團結國民，為上下和樂的日本國奠定基礎，這件事毫無疑問是伴隨著巨大的艱苦與困難的；而他最終能夠實現這一偉業，反映了他有著不被任何事物擊敗的堅強意志與讓眾人心服口服的德望。而這一意志與德望的基礎就在於天皇的先祖，也就是以天照大神為首的神代諸神們。雖然我們不能將神話直接等同於歷史事實，但是當考慮這一問題時，神話無疑有著深刻的意義。

日本武尊

歷代天皇

民族統一也好，國家建設也罷，這些事情說起來很簡單，看著似乎很容易，但是實際上則是異常困難的偉大事業，絕非一般人能夠實現的；而以神武天皇為首的歷代天皇卻完成了如此偉大的工作，他們的辛勞可想而知。人就是要這樣，先是能夠面對困難，再通過努力克服困難，這樣的過程才會錘煉身體與精神。神話傳說中的素戔嗚尊，最初是一個性格粗暴且做事毫無章法的人，他在被高天原放逐前往根國的途中遇到了暴風雨，據《日本書紀》描寫，「風雨雖甚不得留休，而辛苦降矣」，想來經歷了很多的苦難。可見對於古人而言，苦難是用來磨礪自己的。正是有了這些苦難的磨礪，素戔嗚尊的性格發生了巨大的轉變，變成了一位受到後世崇敬的尊貴神明。

神武天皇也是一樣，雖然他出生時就是位震古爍今之人，但是也經歷了十多年的苦難，正是這十多年的苦難磨礪了他的人格，使他成為一位更為偉大的人，因此他的子孫皇統才長盛不衰，他所建立的國家歷經兩千年而愈發隆盛，與「天壤無窮」的神敕遙相呼應。

神武天皇的皇統連綿至今，已經有一百二十四代[9]，縱觀世界歷史也找不到一個能與之相比的例子。據說英國有一位貴族名叫龐森比（Ponsonby），他對於日本的皇統延續了一百二十四代這一事實感到驚訝與感動，因此將從神武天皇到今上天皇為止的歷代天皇御名全部都背了下來，在心情好時就將一百二十四位天皇的名字從頭到尾誦讀一遍，據說一點錯也沒有。連英國人都能做到這一點，就更不用說日本人了，從前有很多日本人能將天皇的御名全部背誦下來。

神武、綏靖、安寧、懿德、孝昭、孝安、孝靈、孝元、開化、崇神、垂仁、景行、成務、仲哀、應神、仁德、履中、反正、允恭、安康、雄略、清寧、顯宗、仁賢、武烈、繼體、安閑、宣化、欽明、敏達、用明、崇峻、推古，以上到三十三代推古天皇為止。到了推古朝以後，記錄就逐漸齊全，遺物也開始多了起來。在這之前雖然歷史記錄不太清晰，但是通過口述傳說流傳下來的事蹟，以及通過外國書籍記載能夠推定的重大事蹟也有很多。

首先是第十代崇神天皇的治世時期。當時國內疫病流行，死了很多人，社會動盪不安，甚至還有人試圖謀反。天皇是一位擁有虔誠信仰的人，認為這次的疫病是由於信仰不夠、對神明有不敬之處，於是一改此前將三種神器奉於宮殿之內、祭祀天照大神的做法，將八咫鏡和天叢雲劍從宮殿中移出，安置在了倭笠縫邑，並派皇女豐鍬入姬命負責祭祀之事，又整頓國內的神社，確認祭祀不會敷衍了事。於是，人民心中的不安得到了安撫，疫病的症狀也得到了緩解，這時天皇決定拓展建國大業，任命了四位將軍，派遣大彥命往北陸，武渟川別往東海，吉備津彥往西道（山陽），丹波道主命往丹波（山陰），這幾位就是著名的四道將軍。因為這一舉動，政令所及的範圍逐漸擴大，天皇的皇威也大幅上升，國民稱

9 本書寫於二十世紀七〇年代，當時的天皇是昭和天皇，是現任（二〇一九）平成天皇之父。——譯者註

讚他的偉業，尊稱他為御肇國天皇。

接下來的垂仁天皇繼承先父的精神，敬仰神靈，命令皇女倭姬命代替豐鍬入姬命侍奉天照大神。倭姬命捧著神鏡巡禮國內的諸多靈場，最終確定只有伊勢的五十鈴川邊上才是最適合祭祀神靈之地，於是在此地興建了神宮，這就是現在的伊勢大神宮。

此外，在垂仁天皇的治世時期，有一位名叫當麻蹶速的大力士，他力大無窮，能輕鬆地扳折鐵鉤，對此十分自負，時常感歎：「不知世上哪裡還有像我一樣的大力士，我想和他不計生死地較量一番。」

天皇聽說了這件事，就詢問眾臣：「就沒有誰是他的對手嗎？」

臣子中有人回答：「聽說出雲國有一位名叫野見宿禰的無雙力士。」

天皇下令：「把他給我找過來。」

於是野見宿禰與當麻蹶速兩人相見比試，在抬腳互踢之時，蹶速被踢斷了腰腹間的骨頭而死。

在垂仁天皇的治世時期還有殉葬的風俗。這是一種要求主人的親隨侍從在死後也服侍主人的風俗，因此主人死後，侍從也要一起被活埋，以保證他們也能服侍主人。這一風俗在中國和西洋都曾經存在和流行過，這 點除了通過文字記錄，也能通過考古遺跡的發掘來得到確認。垂仁天皇認為殉葬太過殘忍、應該廢棄，於是命令野見宿禰用土器製作成人與馬的形狀，將這些土器放置在墳墓的周圍代替活人殉葬。野見宿禰的後人世世代代掌管這件事情，他們被稱為土師連。

在接下來的景行天皇的治世時期，九州地區發生了叛亂，由於天皇親征，叛亂一度得以平息，但是不久之後又發生了新的叛亂，於是天皇命令第二皇子小碓尊前往征伐。皇子時年十六歲，得到天皇的敕命，前往熊襲國檢視，發現叛亂的魁首是川上梟帥，當時他正召集親族好友舉辦宴會，於是皇子化妝成一位少女，混在女侍中。梟帥對於皇子所扮的少女甚是喜愛，將他招到身邊並讓他喝酒，不知不覺就到了深夜，宴席散了，川上梟帥也醉得無法行動。這時皇子拿出所藏的小刀刺殺了川上梟帥，梟帥在斷氣之前對皇子的英勇讚歎不已，留下了「你今後可以自稱日本武尊」的遺言而逝。

日本武尊

日本武尊平定了九州的叛亂，在歸途中也平定了種種叛亂，凱旋大和。在這之後東國又發生動亂，因此日本武尊再度接受敕命前往征討。在出征前，他先參拜伊勢神宮，因為他的使命重大，倭姬命將天叢雲劍賜予了他。日本武尊在路過駿河地方的時候，被賊人欺騙，進入原野之中獵鹿，賊人趁機放火，就在日本武尊快被燒死的時候，他拔出天叢雲劍將周圍的野草斬斷並點上火來攻擊賊人，結果反而是賊人被燒死了。這柄神劍是素戔嗚尊打敗八岐大蛇之時，從大蛇的尾巴中發現的神劍，在此之前一直都被叫作天叢雲劍，自從日本武尊用它斬草退敵後，它就又有了草薙劍的別名。

日本武尊在過了駿河之後，從相模地區渡海前往上總途中，遇上了暴風雨，這時弟橘姬以自己為祭品跳入海中，化解了這一危機。日本武尊平定了東國，在返回大和的途中登上碓日坂（現群馬縣碓冰峠）時，回望關東平原，回想起為他平定關東做出巨大犧牲的美人弟橘姬，感歎道「吾妻呀」，因而此後關東地區也被稱為東國[10]。之後，日本武尊進入甲斐國，在酒折宮停駐休息。當夜，日本武尊點燈食用晚餐時，詠了一首歌問身邊的侍者們：

新治　筑波を過ぎて　幾夜か寝つる

（經過新治與筑波兩地，不知一共過去了幾天。）

就在侍從們都回答不上來的時候，負責掌燈的侍從回答道：

かがなべて　夜には九夜　日には十日を

（掐指一算，已經過去了九夜十日。）

日本武尊對這個回答十分讚賞。

10　「東國」的日語發音同「吾妻」。——譯者註

離開甲斐國，日本武尊一路無事來到了尾張地區，停留在尾張氏的女兒宮簀姬之處，這時他聽說近江的伊吹山上有暴虐的神明為害，於是決定前往平亂。當時日本武尊本應攜帶草薙劍前往，但是他將這柄靈劍放在了宮簀姬家裡，獨自登上了伊吹山。山神化作大蛇堵在道路中央，日本武尊並不知道這是山神本人，而覺得它只是山神的使者，於是毫不在意地跨過大蛇繼續前行。山神因而大怒，行雲降下大雨，山谷都變得漆黑一片，令人難辨東南西北。日本武尊在這一片漆黑中奮發前進，好不容易終於從濃霧中找到了出口，整個人就像喝醉了酒一樣朦朧恍惚，這時他在山麓發現了泉水，喝了泉水之後頓時覺得神清氣爽，這口泉水就被稱為居醒泉。

之後，日本武尊進入伊勢的能褒野，在此他臥病不起，最終與世長辭。他的父親景行天皇感到非常惋惜，在能褒野修建陵墓厚葬了他。然而日本武尊化為白鳥，從陵墓中飛了出來，人們一路追尋白鳥飛行的路徑，發現白鳥一度停在了琴彈原（現奈良縣南葛城郡），於是在那裡為他也修建了一座陵墓。然而，白鳥又一次離開琴彈原往西飛去，最終停在了河內的古市地區（現大阪府南河內郡），於是人們在那裡又為他修建了陵墓。這三座陵墓都被稱為白鳥陵。

以上是《古事記》與《日本書紀》裡關於日本武尊故事的概要，難道不是非常有趣嗎？正因為它太過有趣，有人認為這並非事實，而是捏造的傳說。無論是十六歲的少年遠赴九州，男扮女裝暗殺了叛賊的首領也好；還是遠赴東國平定叛亂，在駿河的原野被賊人用大火困住，以神劍除去身邊的野草並反過來消滅了賊人也好；又或者是在伊吹山被大蛇的毒氣纏繞也好；又或者是辭世之後變為白鳥飛走也好——這些故事都有趣得令人難以置信，讀起來十分愉快。想必是原本曾經發生過的真實事件在漫長的口耳相傳過程中，故事越來越誇張，也逐漸被添加進了一些原本並不存在的元素吧。

但是故事的梗概大致是根據事實而成的，關於這一點我可以做出如下的解說。首先，神武天皇提出建國的大理想並邁出了建國的第一步；之後的第十代崇神天皇為了將這一理想更推進一步，派遣了四道將軍；然而不服從天皇管理的地方仍然廣大，於是九州與東國的平定就是一個十分必要且重要的問題。景行天皇自身以及其皇子日本武尊都以皇族之尊站在第一線，為開拓邊境與平定紛亂竭盡心力，這一點是毫無疑問的。為了證明這一點，我就舉兩個證據。

其一是中國一本名叫《宋書》的史書，這部書成書於四八七年，也就是距今一千四百八十餘年以前，這部書中留存著雄略天皇的外交文書。在這份文書中，雄略天皇說：「我的父祖親自身披甲冑，跋涉山川向四方出兵，平定東方五十五國，西征平定了六十六國，最終統一了全土。」[11]也就是說，雄略天皇以前的幾代天皇，親力親為地平定了東西方的邊境。而雄略天皇與前幾代天皇的血緣關係如下所示：

景行天皇—日本武尊—仲哀天皇—應神天皇—仁德天皇—允恭天皇—雄略天皇

換言之，日本武尊是雄略天皇的祖父的曾祖父。因此可以說，從雄略天皇的外交文書中記載的先祖征戰經歷裡，可以看到日本武尊東征西討的經歷的蛛絲馬跡。

至於另一個證據，那就是但凡日本國面臨重大危機之時，皇室總是挺身而出，站在第一線為日本國運而奮鬥，絲毫不介意自身遭受的苦難，這可以說是皇室前後一貫的態度，從來沒有發生過變化。如果要舉一些著名的例子的話，比如聖德太子、中大兄皇子、後鳥羽天皇、順德天皇、後醍醐天皇等諸位都是如此，尤其是後醍醐天皇的皇子大塔宮護良親王、尊良親王、恒良親王以及懷良親王，諸位都是親自面對難題，沒有一絲一毫的猶豫。既然後代的皇室都是如此，那麼皇室的歷代先祖想必也是如此。可以由子孫的雄姿而推測先祖潔淨無瑕的品德，這也是因為皇室血統一直沒有斷絕過。

11 作者在此引用的是《宋書》卷九十七的倭王武上表文，他引用的部分原文如下：「自昔祖禰，躬擐甲冑，跋涉山川，不遑寧處。東征毛人五十國，西服眾夷六十六國，渡平海北九十五國，王道融泰，廓土遐畿，累葉朝宗，不愆于歲。」兩相比對可見，引文有一定刪減與對文意的曲解。——譯者註

神功皇后

廣開土大王碑

日本武尊不幸英年早逝，之後他的皇子即位為天皇，這就是仲哀天皇。仲哀天皇的治世時期，九州地區發生了叛亂，天皇與他的皇后，也就是著名的神功皇后，一同領兵前去平定叛亂。叛亂還沒有平定，仲哀天皇卻因急病突然去世了，神功皇后為了防止民心動搖，密不發喪，同時仔細思考了叛亂的起因。她認為九州出現叛亂的原因在於朝鮮半島，只要平定朝鮮半島，那麼九州的動亂自然也會平息，於是她女扮男裝，率領三軍渡海遠征朝鮮。

金鼓無節，旌旗錯亂，則士卒不整。貪財多欲，懷私內顧，必為敵所虜。其敵少而勿輕，敵強而無屈。則暴勿聽，自服勿殺。遂戰勝者必有賞，背走者自有罪。

這就是神功皇后出征時的軍令。

說到當時朝鮮半島的情況，鴨綠江以北、滿洲（現中國東北地方）的東南部地區有一個名叫高句麗的國家，它十分強勢，四處征伐擴張，因此多次遭到中國的征討。高句麗難以抵抗中國的大軍，於是放棄了西進的打算，將目光轉移到了南面。鴨綠江以南就是朝鮮半島，朝鮮半島的西側有一個國家名為百濟，東側有一個國家名為新羅。新羅懾服於高句麗的淫威，不僅臣服於高句麗，更與高句麗共同策劃向日本九州地區擴張，使得九州地區叛亂不斷；而另一方的百濟雖然勇敢地與高句麗的侵略作戰，試圖保衛國家的獨立，奈何國力衰弱，獨力難以抵抗高句麗與新羅的聯軍，因此希望獲得日本的幫助。在這一情勢下，神功皇后決定討伐新羅，斷絕九州動亂的源頭，這一方面是出於本國防禦的需要，另一方面也希望能進一步地與高句麗作戰，粉碎它侵略朝鮮半島的野心，拯救鄰國百濟於危難之中，這雖然看起來是件理所當然的事情，卻不得不說是一項偉大的壯舉。

天皇的軍隊渡海進入新羅領地之後，新羅很快就因為力有未逮而投降，新羅王宣誓今後臣屬於日本，年年進獻貢物。新羅王立誓保證，只要太陽還從東邊升起，只要阿利那禮河的水不倒流，只要河中的石頭沒有升上天空變成星星，新羅就會一直遵守這一約定。《日本書紀》記載，皇后接受了他的投降，釋放了俘虜，新羅王將王族送至日本作為人質，每年進獻貢物。

並不是只有《日本書紀》這麼記載，與這段歷史相對應的記錄，在朝鮮的古代歷史書《三國史記》[12]中也能見到蹤影。《三國史記》記載，新羅的奈勿王一開始因為畏懼高句麗的勢力而將一位名叫實聖的人送往高句麗做人質，次年日本軍兵臨城下，又將實聖從高句麗召回，將王子未斯欣作為人質送往日本。這個未斯欣，應該就是《日本書紀》中記載的名叫微叱己知波珍干岐的人。

《日本書紀》裡的記載就到此為止，只記錄了日本與新羅的戰爭，但是事實上戰鬥並未到此結束，日本軍進一步深入，在平壤一帶有過一場激戰。考慮到日本出兵是為了解救百濟於危難之中，粉碎高句麗的野心，那麼日本也確實有進一步深入作戰的必要，這一段戰事沒有被《日本書紀》記錄下來，想必是因為相關的口述傳說散佚了。萬幸的是，相關事實記載在高句麗的廣開土大王碑中，從而流傳到了現在。

這一塊石碑在什麼地方呢？那是滿洲的東南部，鴨綠江中部偏北的一個叫作吉安縣的地方。這塊石碑很大，高有二十二尺，換算為公尺的話大致是六．六公尺；四邊分別是一．五公尺出頭、約一．四公尺、約一．九公尺、約一．四公尺的不等邊四角形，實在是一塊巨大的石碑。

這塊石碑是什麼時候建的呢？那是高句麗長壽王二年甲寅，換算為西曆的話是四一四年，也就是距今一千五百五十六年前。

這塊石碑是什麼時候由誰發現的呢？這塊石碑常年不為人所知，直到明治十七年，是由日本一位名叫酒匂景明的人發現並報告的。

12 《三國史記》成書時間極晚，為一一四五年王氏高麗時期編撰的史書，基本根據中國與日本的相關史料寫成。——譯者註

救援百濟

這塊石碑上究竟寫了些什麼呢？仔細閱讀石碑的文字，我們可以發現，上面記錄著日本軍在三九一年渡海攻入朝鮮半島，百濟與新羅臣服於日本，之後日本軍又連續經歷若干場戰鬥，在四〇四年北上進入漢江流域，進一步逼近平壤，在此與高句麗發生激戰的事情。

假如日本出兵是為了救援百濟，那麼日本不進軍北上與高句麗作戰就沒有意義；反過來說，正因為日本一路北上進攻到了平壤，說明日本出兵的目的在於救援百濟。我們看《日本書紀》可以知道，在神功皇后的治世期間，百濟王感謝日本解決新羅之害，為了證明百濟無時無刻不記得這份大恩大德，曾經遣使獻上貢物，送來了一柄七支刀與一面七子鏡。所謂七支刀，是有七個分支的刀，而七子鏡則是圓鏡的周邊裝飾有七個圓形的小飾物，就像孩子圍繞著母親一樣。這兩件物品無論哪一件都異常珍貴，很難相信現實中真的存在這樣的刀與鏡子，因此這些故事聽起來就像癡人說夢一樣，難以令人相信是真實的故事；然而事實上這柄刀真的存在，而且就以它原本的樣子流傳至今。

這柄珍貴的七支刀，現在在奈良縣天理市的石上神宮中，作為神宮的神寶而得到珍藏。它的長度為二尺四寸七分五厘，也就是七十五公分，左右各有三個分支，加上中間的刀刃正是七個分支。刀的兩面鑲嵌有金並刻有銘文，銘文中提及，此刀以百煉精鐵所造，是柄前所未有的寶刀，百濟王父子為了答謝救命之恩而將此刀謹獻於日本天皇，敬請日本天皇永久惠存。就像銘文中的祈願一樣，這柄寶刀不可思議地流傳至今，這固然是一個美好的故事，但是更重要的是這柄寶刀的現存可以說明《日本書紀》中關於獻上七支刀的記載是真實的，這麼一來也可以證明廣開土大王碑上所記載的日本軍為了拯救百濟而沿著朝鮮西部北上，平定漢江一帶，更進軍平壤與高句麗展開激戰的故事是真實存在的。

請大家參看地圖，日本列島由北往南呈帶狀延展，它的東邊是一望無際的太平洋，西邊則是突出的亞洲大陸，其中有一部分直指日本列島側腹位置，那就是朝鮮半島。因此，假如朝鮮半島發生問題，大陸上的強大勢力懷抱野心進入朝鮮半島的話，日本的安全就會受到威脅。仲哀天皇治世時期九州之所以發生動亂，就是因為滿洲地區的高句麗南下，壓制了朝鮮半島。因此日本出兵朝鮮，一方面是為了自衛，朝鮮半島能夠抵抗外來勢力的侵略、維持其獨立與平穩安定，是我們最期待的事情；另一方面則是出於日本的國民性，日本國民生來愛好正義，痛恨不義之行，見到高句麗的情況、面臨亡國滅種危機的百濟王父子，實在難以袖手旁觀，對他人的危難視而不見是日本人難以接受的。出於這兩個原因，神功皇后才會最終做出出兵朝鮮的決定。有很多人不明事理，覺得日本只是為了征服新羅，又或是認為日本有征服朝鮮半島的野心，這完全是誤解。請大家仔細想想，仲哀天皇突然駕崩，下一任天皇應神天皇這時還在神功皇后的腹中沒有出生（正是因為如此，應神天皇自古以來也被稱為胎中天皇），這一時期的日本完全無暇他顧，甚至可以說正面臨著國家的重大危機，怎麼會因為侵略野心膨脹而向朝鮮半島發動侵略戰爭呢？正是因為這場戰爭有打的必要，有不得不打的理由，日本才渡海作戰，一路深入至朝鮮北部，與高句麗展開激戰。這並不是一場輕鬆的戰爭，而是為時數年的大戰，這一點從廣開土大王碑的記載可以得到證實。

◎應神天皇

文字傳來

仲哀天皇在軍中急逝之後不久，他的皇子誕生，這位皇子後來即位，也就是應神天皇，在他成人之前的十餘年間由其母后攝政輔佐。由於她將日本國內外的重要問題解決得很完美，為了讚美她治理日本的功績，人們尊稱她為神功皇后，《日本書紀》將其與歷代天皇同列，專立一卷以記載她的事蹟。

之前我們說到了日本國向朝鮮半島出兵，討伐新羅，救援百濟，並一路深入平壤，與滿洲地區的勢力一決雌雄，由此國威大振自然不必多提，這場戰爭不僅讓日本充實武力、誇耀武威，更重要的是使得日本與朝鮮半島及中國大陸的交往更為頻繁，自海外而來的移民顯著增加，由此帶來了先進的文化，日本的農、工業也因此得到了飛速發展。來朝的韓人為我們修建了水池，這個水池被命名為韓人池；百濟王派遣來的兩位擅長裁縫的女性，成為後來的來目衣縫的祖先；百濟王進獻的兩匹良馬，由一位名叫阿直岐的人領來；日本在中國南部地區尋找裁縫工人，最終尋得了四位女性……這些故事都記載在《日本書紀》裡，代表著日本的技術進步。

最重要的一點是，這時候傳來了文字，學術的傳入也與此相伴。將百濟王獻上的馬帶來日本的阿直岐，擁有閱讀古典書籍的能力，皇太子菟道稚郎子拜他為師、學習古典。應神天皇問他：「還有比你更優秀的學者嗎？」阿直岐回答說：「有一位名叫王仁的人，他是一位非常優秀的學者。」於是天皇派遣使者前往百濟，聘請王仁前來。天皇見到王仁後，發現他是一位非常優秀的學者，通曉各種書籍，於是又讓皇太子拜他為師。阿直岐的子孫後來被稱為阿直岐史，王仁的子孫則被稱為書首，他們的家族世代負責傳播學問、掌管記錄。

皇太子菟道稚郎子鑽研學問，導致了兩件重要的事情發生。一件事是太子發現高句麗的外交文書中使用了無禮的文字，於是破棄文書並嚴厲叱責使者；另一件事則是菟道稚郎子因為學問知識豐富，人也生得聰明，很得應神天皇的寵愛，於是天皇決定立他為太子，跳過他哥哥將皇位傳給他。然而應神天皇去世之後，菟道稚郎子卻勸兄長即位，認為自己身為弟弟不應該僭越即位為天皇；而兄長則認為父親的意願是讓弟弟即位，那麼就應當讓位給他。兩人就這麼互相謙讓，結果三年間都沒有人即位。這時有一位漁夫想要將自己捕獲的鮮魚進獻給天皇，於是來到弟弟位於宇治的宮殿，弟弟卻說「我並不是天皇」，並命令他前往難波；漁夫又前往兄長位於難波的宮殿，卻得到了同樣的答覆：「我並不是天皇，你應該去宇治。」漁夫在宇治與難波間反覆奔走的時候，鮮魚腐爛變質，漁夫傷心地流出了眼淚。兩人間的問題三年都得不到解決，菟道稚郎子為此感歎不已，想到「只要我不在就好了」，於是選擇了自殺。兄長哀傷不已，卻也已經沒有辦法，只好即位為天皇，即仁德天皇。

仁德天皇治世期間，日本的首都在難波，也就是現在的大阪地區，他的皇居極為簡樸。有一次天皇登上高臺遠望四方，發現周圍都沒有炊煙升起，意識到百姓的生活都十分艱難，於是下令免除三年課役。這三年間宮中的日子更加儉約樸素，三年後天皇再次登上同一座高臺四望，發現四周都升起了炊煙。天皇回頭對皇后說：「現在國家富裕起來，我的擔心也消除了。」

高き屋に登りて見れば煙立つ
民のかまどはにぎはひにけり
（登上高臺，看到各地民家的灶台之上，炊煙嫋嫋升起，想必百姓們都安居樂業吧。）

這首有名的和歌，就是後人以和歌的形式為仁德天皇立言，稱頌其仁慈，完美地表達了這位天皇的愛民之心。

在應神、仁德兩位天皇的治世之下，日本國武力強盛，文化發展，兩位天皇仁德愛民，國家的實力自然得到了提升。最能表現這一點的就是兩位天皇的御陵。

御陵

讓我們先從應神天皇的御陵說起。應神天皇陵位於河內（現大阪府古市），史書中對它的描述是「惠我藻伏崗陵，東西五町，南北五町」，這個距離換算成現在的計量單位後相當驚人。這是個前半部為方形、後半部為圓形的古墳，也就是我們通常說的前方後圓墳，它全長四一五公尺，其中前方部的邊長為三三〇公尺，高三十五公尺，後圓部的直徑是二六七公尺，高三十六公尺。

接下來說到仁德天皇的御陵，這是位於和泉（現大阪府堺市）被稱為百舌鳥耳原中陵的陵墓，東西八町，南北八町，實測後的距離更是令人驚訝，它整個邊長四七五公尺，其中前方部邊長三百公尺，高二十七公尺，後圓部直徑二四五公尺，高三十公尺。

而接下來履中天皇的御陵位於仁德天皇御陵的南面，被稱為百舌鳥耳原南陵，史書上記載的面積也是東西五町、南北五町，實測後其整個邊長三六三公尺，前方部寬二三六公尺，高二十三公尺，後圓部直徑二〇三公尺，高二十五公尺。

以平面面積而論，仁德天皇御陵的面積比埃及吉薩地區的金字塔和中國的秦始皇陵都大，也就是說這是全世界最大的陵墓。這一點正說明了應神天皇與仁德天皇的治世時期，日本國的國威是多麼強盛，國力又是多麼充實，國民對於天皇的仁德如何愛戴，換言之，天皇的御陵說明了日本作為一個國家在當時是多麼健全和發達。

仁德天皇之後幾代天皇的事蹟在中國的歷史書《宋書》裡有記載，根據《宋書》的記載可知，當時日本的天皇以朝鮮半島的守護者自居，是以百濟、新羅、任那為首，分立於朝鮮半島的諸國的領導者，而宋國也承認了這一點。這裡先簡單介紹一下宋國，中國的王朝經歷秦、西漢、東漢、三國（魏、蜀、吳）、晉的變遷之後，被北方的異民族入侵，分立為若干個國家，這一時代被稱為五胡十六國，中國北部地方因此大亂，而晉則退守南方，改稱東晉，之後又被宋所代替，而北方的五胡十六國則被北魏統一，形成了北方的魏國與南方的宋國對立的局面，也就是所謂的南北朝時期。宋國與日本之間存在外交關係，日本的國際地位因此上升，文化交流也逐漸興盛起來，這些都是通過《宋書》的記載可以確認的事情。

前些年在肥後（現熊本縣）玉名郡江田村的船山古墳中出土了大刀，這柄刀上刻有銘文，銘文以漢字書寫，有多處文字已經因為損傷難以釋讀，但是銘文開頭部分記載的天皇名很有特色，可以確認其指的是反正天皇[13]。反正天皇因為牙齒整潔美麗，得名瑞齒別尊。此外，因為其居所中有一口稱為瑞井的井，天皇在從井中打水為太子梳洗之時，有名為「たじひ」的花落在了井中，因此太子的名字被叫作「たじひのみずはわけの尊」，漢字一般寫作「多遲比瑞齒別尊」。「たじひ」原本指的是一種叫作虎杖的植物，但是同時「蝮」的讀音也是「たじ

13 作者在此提及的是江田船山古墳出土的大刀銘，銘文中的相關天皇名為「台（治）天下獲□□□鹵大王世」，當時的釋讀將「獲」字錯認為「蝮」、「鹵」字錯認為「齒」，因此一度將銘文中的天皇名釋讀為第十八代反正天皇，亦即《宋書》中的倭五王中的「珍」；然而一九七八年在埼玉縣稻荷山古墳中出土了一柄金錯銘鐵劍，其銘文中明確有「獲加多支鹵大王」之名，由此確定江田船山古墳的大刀銘文釋文應為「獲加多支鹵大王」，音為ワカタケル，即第二十一代雄略天皇，亦即《宋書》中的倭王武，此為日本史學界著名公案之一。——譯者注

ひ」，蝮與虎杖同音，因此雖然反正天皇名字中的「たじひ」是由虎杖而來的，但是有時也會寫作「蝮」這個漢字，而「蝮」字的變體與「齒」字都出現在了船山古墳的大刀銘文裡。這正是《日本書紀》與《古事記》中的記載通過考古發現的文物得到證實的鮮活例子。同時，在九州偏僻之處的一個小古墳中出土的大刀上記載著反正天皇的名字，這正是當時天皇的皇威照耀在九州各地的最好證據。

反正天皇的治世時期，距離神武天皇建國已經有五百餘年，距離崇神天皇派遣四道將軍也有兩百餘年，距離日本武尊的東征西討則有一百五十餘年，而距離神功皇后的海外遠征則有五六十年，此時朝廷的皇威已經照耀在九州地區，這一點毫無疑問。

◎繼體天皇

皇統

從崇神天皇、景行天皇到應神天皇、仁德天皇的治世期間，日本不僅武力上逐漸強大，而且因為天皇的厚德，國家的實力日漸增強。然而，隨後的八九十年間，出於各式各樣的原因，朝廷的權威發生了動搖，在海外的勢力也逐漸衰退。清寧天皇沒有誕下皇子，這麼下去的話就要面臨皇統斷絕的危險，這是眼下的第一個危機。當時，山部連的先祖裡有一位名叫小楯的人，奉命前往播磨國（現兵庫縣），受到在赤石郡（現明石郡）管理屯倉的名叫志自牟的人招待，出席他喬遷新居的慶祝酒宴。酒過三巡，眾人紛紛起舞助興，有兩個在爐灶前負責燒火的少年也想跳舞。

「請哥哥先跳吧。」

「不，你先跳吧。」

兩個少年互相謙讓著。

人們對他們兩人的舉動感到好奇，紛紛開始注視他們，最終經過一番謙讓，哥哥先站起來跳了一支舞，然後弟弟也起來跳了一支舞，並唱道：

もののふの　我が夫子の
取り佩ける　大刀の手上に
丹かきつけ　其の緒には
赤幡をつけ　立てし赤幡
見ればい隠る　山の三尾の
竹をかき刈り　末おしなびかすなす
八の琴を調ふるごと　天下治め給ひし

いざほわけの　天皇の御子
市辺の　押歯の王の
奴末

這首歌的意思如下：「我披上戎裝，腰横大刀，身旁插上赤旗，惡人見到我的身姿都嚇得躲到一邊。我治理人民，就像從山裡伐竹、握著竹子的尾端自由搖晃一樣容易，又像是彈奏八弦琴一樣簡單。吾乃將全國人民之心合而為一的履中天皇的皇子——市邊之押齒王之子是也。」認真聽他唱歌的小楯，聽到他報上自己的姓名時十分驚訝：「這不是履中天皇的皇孫嗎？」他驚訝得從座位上滾了下來，嘴裡喊著「大家都散了吧散了吧」，驅散了人群，請兩兄弟正座。因為過於感動，他甚至不顧禮節地將兩兄弟抱到自己左右膝蓋上，開心得哭了出來。

小楯立刻將找到皇孫的消息上報朝廷，很快就有迎接的使者自都城而來，這兩兄弟就這樣繼承了皇統。本來按照正常順序應該由哥哥先即位，但是因為弟弟詠了這首歌才表明了兄弟兩人的身份，使得兩人可以即位，因此哥哥將皇位讓給了弟弟，弟弟即位後就是顯宗天皇，之後哥哥也登基即位，是為仁賢天皇。

之後又出現了一次危機，仁賢天皇的皇子武烈天皇也在沒有留下皇子的情況下就過世了，這時大伴金村、物部麤鹿火、巨勢男人等重臣商議後決定四下尋覓皇室的血統，最終在越前（現福井縣）的三國地方迎立男大跡王為天皇，這就是繼體天皇。繼體天皇以血統而論是應神天皇的五世孫，他娶了武烈天皇的姐姐手白香皇女為皇后，他們所生的皇子就是後來的欽明天皇。

以上兩次危機，如果發生在外國，幾乎可以確定將會爆發革命，出現野心家奪取政權、建立新國家的情況吧。而日本之所以沒有變成這樣，而是有重臣豪族們苦心尋求皇統，從播磨又或是越前國迎回皇族的血親繼承皇位，一方面是因為歷代天皇的品德高尚，贏得了國民的尊重，另一方面也是因為重臣們各自守著本分、絲毫沒有野心。人的本心在面臨危機時最是顯露無遺，而日本在面臨這樣的危機時，能夠上下一心，憑藉道義、道德的力量有驚無險地解決這一問題，不得不說是一件非常令人注目的事情。

少年們啊，你們不妨多觀察世上眾人的活動。對有權有勢的人卑躬屈膝，這是卑微之人的常態。假如一個人只考慮到自己的利害得失，自然會變成這樣；那麼只要條件發生了變化，他的態度也就會發生變化。假如有一天，強者失去了力量、當權者失去了權力，那麼昨日的屈服到今天就會變成反抗，今天的諂媚之姿到明天就會變成嘲諷之色了吧。如果一日不以道德觀念淨化自己的內心觀念，就無法防止這種變臉。觀察世間會發現許多這樣的例子，而這種事情同樣會發生在國家上，一旦國家由於國王不德又或是年幼等原因而勢力衰落，那麼爆發革命、改朝換代是常有的事情。

王朝交替

古代埃及是個文化繁榮的國家，國王的權力十分強大，這一點從國王修建巨大的金字塔來作為自己的陵墓就能看出來。埃及國王的榮光持續到西元前三四二年為止，此後近兩千年間，埃及先是被波斯支配，然後附屬於羅馬，再之後被納入拜占庭帝國，又或是受到阿拉伯的支配，一直到二十世紀之後才終於獲得了獨立。若我們回顧這兩千年來古埃及歷史就會發現，它共經歷了三十次王朝交替。王朝交替，聽起來似乎是很平穩的過渡，但是實際上則是新王朝推翻之前的舊王朝、並取而代之的過程。這三十個王朝中最初的那一個不知究竟何時建立，關於它建立的時間，學者內部有幾種不同的說法。有人認為是較早的西元前五五四六年，也有人將時間推定在相對比較近的西元前三一八〇年。倘若我們採用後者的西元前三一八〇年說法，那麼至第三十王朝結束的西元前三四二年為止，這兩千八百三十八年間埃及共經歷了三十次王朝交替。我們簡單地取一個平均數，則每個王朝的壽命只有九十四年。即使將第一王朝的建立時間推定為最早的西元前五五四六年，那麼每個王朝的平均壽命也不過一百七十三年而已。

看完西方的例子，我們再回過頭來看東方。在東方，歷史最古老的是中國，這裡早就誕生了文明，出現了一個又一個王國。夏朝經過了約十七代共四百餘年，之後被商朝取而代之；商朝則持續了約三十代共六百餘年，之後進入了周朝；周朝共經三十七代，合計八百七十七年；之後是秦朝，共經歷了三代十五年；此後是西漢十三代二百零七年，東漢十三代一百九十六年；之後連續有幾個短命的國家興起又衰落，然後進入了持續二百九十年的唐朝；之後則是三百二十年的宋朝、二百九十四年的明朝和二百九十六年的清朝。中國的歷史中也算是有幾個存續時間頗長的朝代了，但是在前後四千六百六十三年間也經歷了三十個王朝，因此一個王朝的平均壽命也不過一百五十五年。一旦武力略有衰退，或是君主不德，又或是有什麼天災人禍，總之只要出現可乘之機，立刻就會發生叛亂，而叛亂最終演變成革命並導致滅國。看到這些西方與東方的例子，想必大家可以理解了吧。

當然，無論哪個國家都不會認為叛亂與革命是一件好事，也認為國家的滅亡是一件值得哀歎的事情。中國的古代典籍裡特別受到重視的《論語》，記載了孔子諸多弟子中的高足曾子留下的一句話：「曾子曰：可以託六尺之孤，可以寄百里之命，臨大節而不可奪也。君子人與？君子人也。」這句話自古以來感動了無數讀者。所謂的「六尺之孤」，指的是少年喪父的孩子，「百里之命」則可以簡單理解為諸侯大名的政權。這句話的意思是：當大名去世、他的後繼者還是位少年的時候，全力以赴地輔助這位弱小的少年，而絕不奪取他的權力；當面臨是否取而代之的選擇之時，能夠一心堅守道義、道德而不動搖。這樣的人就稱得上是君子，也就是真正道德高尚、值得尊敬的人。

理想很美好，但是現實往往很殘酷。當繼承人是少年，又或者君主不德時，昨日還是臣下的人突然變成皇位的競爭者，消滅之前的主人，奪取國家，就當這種事情不斷發生時，日本的重臣豪族們則在清寧天皇和武烈天皇沒有留下皇子、皇統面臨斷絕、國家也似乎就要滅亡的時候，絲毫不起競爭叛亂的惡心，心中念著歷代天皇的厚恩，四下搜尋天皇的血統，為了讓皇族即位竭盡心力，這真是一件美談。

國家的健全也好，人的偉大也好，都不一定在順風順水的時候能夠體現出來，反而在時運不濟的時候才表露無遺。山部連小楯遇到皇孫時的感動，大伴金村的深情厚誼，不得不說都讓人敬仰。

聖德太子（上）

佛教傳來

繼體天皇之後，依次即位的是安閑、宣化、欽明，這三位天皇都是繼體天皇的皇子。此時的朝鮮半島上，百濟為了取回被高句麗奪去的領土，向日本請求援助，並一度進軍攻打平壤；而新羅則一度攻入百濟，更殺死了百濟的國王。如此這般，朝鮮半島正值多事之秋，但是這段時間朝鮮半島上發生的所有事情裡最重要的就屬百濟的聖明王將佛教傳入了日本。據《日本書紀》所載，在欽明天皇十三年的冬十月，百濟聖明王送來一尊金銅釋迦像和相關的裝飾佛具，以及各種佛教經論書籍，同時在奏書中說道：「是法於諸法中，最為殊勝，難解難入，周公、孔子，尚不能知。此法能生無量無邊福德果報，乃至成就無邊無上菩提。譬如人懷隨意寶，遂所須用，盡依情；此法妙寶亦復然，祈願依情，無所乏。且夫遠自天竺，爰洎三韓，依教奉持，無不尊敬。由是百濟王臣明，謹遣陪臣怒唎斯致契，奉傳帝國，流通畿內，果佛所記，我法東流。」天皇收到這一份禮物後，沒有獨斷專行地決定是否要接納佛教，而是將群臣召集起來，詢問眾人的意見。然而意見一分為二，蘇我稻目主張接受佛教，他的理由是：「西方諸國，一皆禮之，豐秋日本，豈獨背也。」而物部尾輿和中臣鎌子則認為：「我國家之王天下者，恒以天地社稷百八十神，春夏秋冬祭拜為事，方今改拜蕃神，恐致國神之怒。」於是天皇決定，暫時不以國家為單位接受佛教的傳入，而是允許蘇我稻目以個人的名義如他所願地禮拜佛像。稻目大喜過望，將佛像安置在自己家中，將家裡收拾得乾乾淨淨。然而不久之後疫病流行，許多人染病而死，物部尾輿和中臣鎌子認為：「昔日不須臣計，致斯病死。今不遠而復，必當有慶。宜早投棄，懃求後福。」於是朝廷將佛像丟進了難波的堀江，並一把火燒了佛寺。這時，兩派的鬥爭日益激烈，雙方各自召集兵力備戰。這時推古天皇即位（五九二），立聖德太子為皇太子並以他為攝政，佛教因此興盛了起來。

十七條憲法

欽明天皇之後的敏達、用明、崇峻、推古四位天皇，都是欽明天皇的皇子，而聖德太子則是用明天皇的皇子，從推古天皇來算的話，聖德太子是她的侄子。推古天皇是一位女皇，她一方面將這位聰明的侄子立為皇太子，另一方面又以他為攝政，代為處理政務。

聖德太子這個稱呼，是為了稱讚他的德行，他的本名叫廄戶皇子。之所以叫廄戶皇子，是因為傳說他的母后在宮中散步，正好在經過馬廄的時候誕下了他。這位皇子非常聰慧，傳說他曾經能夠同時聽八個人申訴自己的問題而分別做出合適的處置，沒有絲毫猶豫與錯誤，因此也有人給他取了一個八耳皇子的異名，感嘆他的聰慧。他成為攝政的時候時年方二十，這幾十年來因為持續的不幸，朝廷的威儀多少有些衰退了，而現在因為這位偉大的皇太子攝政，朝廷的權威終於重新樹立了起來。

太子的新政首先由制定冠位開始。他於推古天皇十一年十二月頒佈了冠位十二階，並分別頒賜給合適的人物。所謂的十二階，指的是「大德、小德、大仁、小仁、大禮、小禮、大信、小信、大義、小義、大智、小智」，也就是以「德、仁、禮、信、義、智」的六個德行分別為大小兩階而成為十二階。隨著位階的不同，冠的顏色也不一樣，這就是所謂的冠位。此前人們地位的尊卑基於氏族的大小，但隨著冠位的出現，朝廷就可以通過個人功績的大小來制定新的上下秩序了。冠位十二階被後世一直繼承發展下來，成為後世的位階制度。

其次，聖德太子新政還制定了憲法。推古天皇十二年四月，太子親自制定了憲法十七條。第一條的內容是「以和為貴，無忤為宗」，意思是首先要以溫和的內心與眾人交流，注意不要與他人產生衝突和鬥爭，太子將這件事情放在了第一位；第二條的內容是「篤敬三寶。三寶者佛法僧也」，這是因為太子認為，讓人們不互相爭鬥的最好方式是通過佛教讓人們反省自己的內心。以上這兩條是針對當時教育水準不足、一般人的道德培養也不完善，因此人人執念太強，不知自省，時常陷入糾紛的現狀而制定的。假如放任這一情況的話，世間恐怕會一片混亂；為了將當時的社會誘導到正確的方向上，太子在憲法的開篇首先論述了必要的心理準備。

接下來的第三條非常重要：「承詔必謹，君則天之，臣則地之，天覆臣載，四時順行，萬氣得通。地欲覆天，則至壞耳。是以君言臣承，上行下靡，故承詔必慎，不謹自敗。」

對於一個國家而言，最為基本、最為重要的就是君與臣的關係。假如君臣間的關係出現混亂，那麼國家就會被顛覆。憲法為了說明這一點，將君臣關係比喻為自然界裡天與地的關係。要是天地倒轉的話，自然界將會出現巨大的混亂而最終滅亡，一個國家內的君臣關係也是如此，無論國君做錯了什麼仍然是國君，臣子永遠是臣子，兩者的關係絕不能倒轉，假如君不君、臣不臣，那就是國家滅亡之時。因此，君主的命令是絕對的，接受他的命令時必須要謹慎小心，絕不背棄，這就是太子的教誨。

第三條非常重要，可以說是十七條憲法的根基，為了進一步解釋它的內容，太子還頒示了許多內容，以下我只簡述各條的要點。

第四條：以禮為本，治民之本在於禮；群臣有禮，位次不亂，百姓有禮，國家自治。

第五條：裁決訴訟時不可收取賄賂，對貧苦之人也要做出公平的判決。

第六條：善行必表彰，惡事必懲處。

第七條：舉賢人為官。

第八條：官吏每日應該早出勤，晚下班。

第九條：信是義之本，善惡之成敗，關鍵在於信義的有無。

第十條：去我執，深自省，不可一味叱責他人。

第十一條：有功必賞，有過必罰。

第十二條：國無二君，民無二主，國君以外的國司與國造無非是君主派出的官吏，不得私立名目、收取稅收、中飽私囊。

在第十二條中有如下著名的表述：「國非二君，民無兩主。率土兆民，以王主。所任官司，皆是王臣。」這是警戒當時的地方官不要妄圖僭越，與第三條一樣，明確宣告了天皇的大權。

那麼，以上只是我用簡單易懂的語言解釋了憲法十七條的內容，實際上它是用艱深難懂的漢文寫成的，而仔細去查的話，能夠找到它們所依據的中國古典文獻：《詩經》《書經》《孝經》《論語》《春秋左氏傳》《禮記》《管子》《孟子》《老子》《荀子》《墨子》《莊子》《淮南子》《韓非子》，除此之外還有《史記》《漢書》《後漢書》《文選》等。如果不是精讀過上述這些文獻，並能夠熟練掌握其中字句的優秀學者，是無法寫出這樣的文字的。而且單單博學還不足以撰寫這部憲法，必須一方面廣泛地掌握外國的歷史、哲學、政治學、文學的知識，另一方面能夠以日本的歷史為本，通過撰寫憲法進一步使日本的國體或者說是日本這一國家的本質更加純粹，明確日本的國家組織，強化國力。為了這一系列的目的，將古今中外的經驗結合起來，作為國家的大政方針，用簡潔的文字表述出來，這需要非常廣泛的知識，若非聖德太子這樣聰明絕頂的人物，我相信沒有人能完成這個任務。

◎聖德太子（下）

遣隋使

聖德太子通過制定冠位、編寫憲法強化了國家的根基，這是他在內政方面做出的重要貢獻，此外他在外交上也有令人注目的表現。在這之前，中國大陸分裂為南北兩朝，此後由隋朝統一南北，重新建立了強大的統一國家。隋煬帝繼承父親的皇位是在六〇五年，在這之前的一年，日本編寫了憲法十七條。隋煬帝登基之時意氣風發，希望時隔多年之後重新統一中國大陸，將年號也改為了大業元年。在大業三年，隋煬帝從日本的使節小野妹子處接受了日本的國書，也就是外交文書。中國自視為大國，而將周圍的國家視為小國，有著認為小國都應該屈服在大國面前的思維模式，因此自然而然地認為來自日本的國書想必也表達了類似的內容或者態度。沒想到隋煬帝打開國書時，發現其開頭竟然是這樣的：「日出處天子致書日沒處天子，無恙。」這表明了完全平等的態度，隋煬帝因此很不滿，對負責外務的官員下令，不得再上呈這種無禮的外交文書，這件事情明確記載在了《隋書》裡。

隋煬帝雖然不喜歡日本在外交文書上表現出的無禮態度，但是認為與日本的外交交流仍然是有必要的，因此在第二年小野妹子歸國時，派遣外交官裴世清與他同行回國。聖德太子盛情接待了他，並在他回國時第二次派遣小野妹子為大使前往隋朝。這一次他們所持國書的內容記載在了《日本書紀》裡，據記載，文章的開頭是「東天皇敬白西皇帝」。雖然與上一次的行文不同，但是無論是其意義還是其中包含的態度，都與前年的國書一致。這種對等的外交對中國來說是非常罕見的，也正是因為其特殊性，《隋書》中才會特別記載，這件事直到後世仍然被人傳頌，這都是聖德太子高明見識的產物[14]。

14 關於第二次國書（「東天皇敬白西皇帝」）的記載僅見於《日本書紀》，反之，《日本書紀》中不見關於「日出處天子致書日沒處天子」國書的記載。目前可以確定聖德太子時期日本尚未出現天皇號，因此「東天皇敬白西皇帝」一語是《日本書紀》成書時所做的修飾。——譯者註一個國家，無論面對多麼強大的國家，都能堅持對等交往，而不因為對方的強勢就採取低三下四的態度，這一點已經很了不起了。聖德太子不僅做到了這一點，還意識到孤立一方、獨善其身對於國家來說絕不是一件好事，因此積極導入外國的學問與文化。在小野妹子第二次渡海時，他派遣福音、惠明、玄理、大國、日文、請安、惠隱、廣齊八人為留學生。這八人都是歸化人或其子孫，由此不僅由此可知朝廷能夠溫和接納歸化自外國的人，同時也得知這些人為日本文化的發展做出的貢獻。此外，這時候派遣的八名留學生中，有兩人在三十一年後歸國，另外兩人在三十二年後歸國，由此可推測，在派遣他們出國的時候，聖德太子應該是確定了不要忙著出成績，而讓他們充分學習、研究先進文化的方針。

修建法隆寺

太子通過編纂憲法、制定冠位，使國家的本質更加純粹，也明確了國家的系列制度，但是所謂國體或者說是國格這種東西，是在歷史中誕生的，法制規定的完善並不意味著國體的完善，要完善國體必須要仔細地檢視歷史，明確國家的起源與由來。於是太子與大臣蘇我馬子商議，致力於歷史的編纂，即編纂了以《天皇記》與《國記》為代表的史書，記載了主要豪族的歷史。

到了開始編寫歷史的時候，計算年月的能力就變得非常必要。在神話或者故事中，我們可以用「很久很久以前的某個時候」矇混過去，歷史卻不能這樣，假如沒有「何時在何地發生了何事」這樣的時間與空間限制，就說不上是歷史了。然而日本在很長的時間內沒有文字，發生的事情都只依賴口耳相傳流傳下來，現在突然要編纂歷史，在計算之前發生過的歷史事件的具體年份時就遇到了大問題，這時候此前由中國傳入日本的讖緯之學就發揮了巨大的作用。讖緯學主張歷史每隔一千二百六十年就會產生一個大變革，而且這個變革必然發生在辛酉年，這就是所謂的「辛酉革命說」。當時編纂歷史的人採用了這一原則，將推古天皇九年的辛酉年作為新時代的起點，並將神武天皇的建國大業安排在了一千二百六十年前的辛酉年，並將這期間的一系列故事安排在了一千二百六十年間，這些在前文的「皇紀」部分已經提過，於此不再贅述。

這一時間推定導致古時候的年月被過度拉長，這實屬無奈之舉。但是當時的人之所以會將推古天皇的治世視為新時代的起點，顯然是因為聖德太子的光輝新政為他們帶來了巨大衝擊，尤其是佛教的公開傳播以及與此相伴的莊嚴華美的寺院的修建，對當時的人們具有非常強大的影響力。

佛教傳來之初，蘇我稻目欣喜地迎接佛教的傳播，而物部尾輿及中臣鎌子則反對佛教，這一點前文既述。最初，反對派獲勝，佛像被丟進了難波灣的堀江，而寺院則被一把火燒掉了，即使如此，蘇我氏也沒有放棄信仰。在用明天皇治世時期，蘇我與物部兩家的後人分別繼承了他們的觀念，蘇我馬子與反對派的物部守屋及中臣勝海展開了激烈的爭鬥，最終蘇我馬子在鬥爭中殺死了守屋與勝海，因而隨著蘇我氏佔據了絕對優勢，佛教也興盛了起來。

聖德太子對佛教有著深刻的研究，如前所述，他在十七條憲法的第二條中提到了「篤信三寶」，還在宮中親自開辦法華經與勝鬘經的講學，為眾人解釋經典的難解之處，而更令人驚訝的是他曾經親自為佛經做過注釋。這就是所謂的《三經義疏》，也就是聖德太子給《維摩經》《勝鬘經》《法華經》這三部佛經所寫的義疏。所謂義疏，指的就是注釋。《三經義疏》的原本一部分後來遺失了，其中僅剩《法華義疏》保存至今，現在作為御物（屬於皇室的寶物）安置在宮內。這部著書自古以來就受到重視，有多份抄本與印刷刊行本，而剛才提到的御物則是聖德太子親手寫下的原本。我們不清楚聖德太子寫下該書的具體時間，但是聖德太子去世的時間是推古天皇三十年（六二二），因此這本書起碼也是這之前的產物，這麼說來距今[15]至少也有一千三百五十多年了。現存的金石文裡有比它更古老的，但是以紙質文書來說，這份聖德太子親手書寫的《法華義疏》[16]是日本最古老的。一千三百五十年聽起來似乎很短，但實際上卻很漫長，無論世界上哪一個國家，要找到這麼早以前的紙質文書都不是容易之事。即使有，也都是些密藏在洞窟內或者是埋藏在地下的東西，而這份《法華義疏》卻一直被安置在木造

15　指至本書寫作的二十世紀七〇年代為止。——譯者註

16　該書是否為聖德太子所著尚有爭議，其成書時間也不明確。——譯者註

的建築物中，在近一千四百年來，受到代代人的尊敬。從這樣的小事情裡也能完美地看到日本的國格。

雖然聖德太子的佛學研究如此精深，但是更吸引當時世人的，反而是他建立的寺院。當時的飛鳥地區（現奈良縣內）有蘇我馬子興建的法興寺，據說也是一座擁有宏偉堂塔的大寺院，然而聖德太子在難波地區（現大阪府內）興建的四天王寺和在斑鳩地區（現奈良縣內）興建的法隆寺卻一直留存至今，千百年來，其雄偉壯麗讓世人驚訝，並受到深深的崇拜。四天王寺供奉的主神為佛教中守護四方國境的神明，即持國天、增長天、廣目天和多聞天，修建在海外交通的要衝——難波港邊的山丘之上，這也表達了為日本抵禦外來侵略的祈願，寺院的伽藍結構是中門、塔、金堂、講堂沿南北向直線分佈，這與朝鮮的寺院結構一致。而法隆寺則前方是中門，後方是講堂，中間為左塔右金堂的伽藍配置結構，這在外國沒有先例，完全是日本獨特的伽藍配置，被認為是聖德太子的獨創[17]。

這些雄偉壯麗的大寺院逐一建造起來，人們自然會目之所見、心之所望，滿懷好奇和激動地踏入它的山門吧。日本自古以來的神社雖然在面積與氣勢上比起這些寺院毫不遜色，但是神社一貫的風格是閒靜樸素，而這些新建的寺院則有著截然不同的意境，被眾多裝飾物點綴得雍容華貴，安置在寺院中的佛像也是前所未見、前所未聞的金銅像，燦然生輝。雖然一般人聽不懂誦經時所使用的艱深漢語，但是可以想像其在這種安逸祥和的誦經聲裡被悠然帶入夢境的情景。寺院建築中高聳入雲的塔尤其美麗，當人們仰望五重高塔尖端直指大空的九輪時，想必會被帶入不屬於這個世界的佛教淨土吧。

如此這般，即不難理解為何將推古天皇的治世、聖德太子擔任攝政的年代視為新時代的起點。日本開始計算皇曆也正好是在這個時候，即使此一計算結果與實際的年月有一定程度的偏差，但是其中同時包含著深刻的歷史意義。

17 作者在這裡提及的是法隆寺西院伽藍的配置方式。基於現今考古發掘的進展，學界基本確認了法隆寺的西院伽藍是飛鳥時代末期開始重建的，並非聖德太子設計的伽藍配置。而聖德太子時期的法隆寺原址位於現在西院伽藍的東南部，被稱為若草伽藍，此外，左塔右殿的伽藍配置方式也並非日本的獨創，本書在這兩點上都出現了錯誤。——譯者註

蘇我氏的暴行

然而不幸的是，這個輝煌的時代並沒能持續很久，國家很快就面臨巨大的難關，那就是聖德太子的去世。太子這時擔任推古天皇的攝政，而身為太子的他原本是要繼承叔母的皇位，但是在推古天皇三十年十二月二十二日夜裡[18]卻因病與世長辭，享年四十九歲。《日本書紀》中關於當時眾人聽聞太子去世時的悲痛之情有如下記載：「是時，諸王諸臣及天下百姓，悉長老如失愛兒，而鹽酢之味在口不嘗；少幼如亡慈父母，以哭泣之聲滿於行路；乃耕夫止耜，舂女不杵，皆曰：『日月失輝、天地既崩。自今以後誰恃哉。』」高句麗的僧侶惠慈則說道：「今太子既薨之，某獨生之，有何益哉？我以來年二月五日必死，以遇上宮太子於淨土。」到了第二年的這個時候，他果然按照預言圓寂。

聖德太子去世後六年，推古天皇也與世長辭，原本應該繼承皇位的聖德太子已經不在，而推古天皇去世時又沒有指定太子，因此繼承一事就成了問題。當時的大臣是蘇我馬子之子蘇我蝦夷。蘇我氏是應神天皇幼年時期有大功於朝廷的武內宿禰的子孫後代，如果推算系譜，還是從孝元天皇家系中分出的名門望族，到了蘇我稻目之子蘇我馬子這一代，隨著勢力的增強也變得越來越傲慢，不守臣子的本分而肆意妄為。用明天皇與推古天皇的母親都是蘇我稻目的女兒堅鹽媛，而崇峻天皇的母親則是稻目的另一個女兒小姊君。也就是說，蘇我氏以外戚（母方的親戚稱

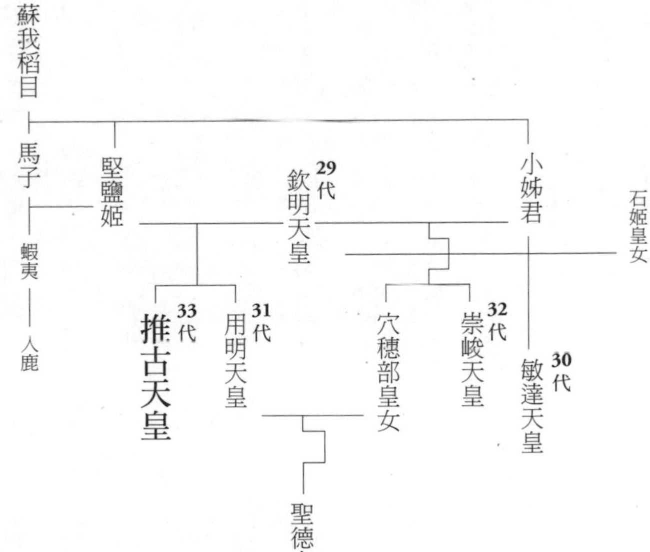

18 《日本書紀》記載的聖德太子去世時間是推古天皇二十九年十二月二十二日，這裡的三十年是根據《天壽國繡帳》與《上宮聖德法王帝說》等史料推算出的年份。——譯者註

為外戚）身份所擁有的權勢壓過了其他豪族。用明天皇過世時，蘇我馬子欲立推古天皇，因此殺害了反對這件事情的皇族與權臣物部守屋；而崇峻天皇雖然母親是蘇我氏所出，卻無法忍受馬子的驕橫跋扈，對他頗有怨言。這個消息被洩露至蘇我馬子處，他便派遣一個名叫駒的歸化人殺害了天皇。在這之後即位的就是推古天皇。

聖德太子成為攝政時，正是蘇我馬子勢力的全盛期。以太子的聰慧，不可能沒有察覺到蘇我馬子的暴虐驕橫。儘管如此，聖德太子卻沒有處分他，想必是因為假如要徹底剷除蘇我氏的勢力，需要賭上整個國家的命運。因此太子通過制定憲法與冠位，明確君臣之別，確立上下秩序，同時還借助佛教的力量，希望人們能夠反省自身的錯誤。然而，聖德太子的施政因為他的去世而中斷，不久之後蘇我馬子也過世，其繼承人蘇我蝦夷比父親更驕蠻無禮，這個問題就變得越來越深刻了。

蝦夷所做的第一件惡事是為了擠下聖德太子之子山背大兄王而擁立敏達天皇之孫舒明天皇繼承皇位，殺害了反對這件事情的境部摩理勢。假如聖德太子還在世，本該由他來繼承皇位，因此在聖德太子過世後，人們都認為應當由太子之子山背大兄王繼承皇位（就像是日本武尊早逝後，他的兒子即位為仲哀天皇一樣），山背大兄王本身的人望也很高，結果蝦夷卻不承認山背大兄王繼承皇位的權力，他的兒子蘇我入鹿更殺害了山背大兄王一族。

蝦夷做的第二件惡事是他在祭祀自家先祖時，僭越地使用了帝王之禮，廣征國民為自家修建陵墓，將蝦夷的墳墓稱為大陵、入鹿的墳墓稱為小陵，更將原本侍奉聖德太子的人民擅自移用為自己的守陵人。聖德太子的遺族面對蘇我氏的跋扈，感歎「天無二日，國無二王」，而蘇我蝦夷竟然因此將聖德太子的遺族殺光。

蝦夷做的第三件惡事是他不出席朝政而在自己的家裡私自處理政務，擅自授予兒子入鹿以紫冠的高位，並給他大臣的待遇。

蝦夷之子入鹿則是個令其父蝦夷都無可奈何的惡徒。他在殺害了聖德太子的遺族後愈發妄自尊大，終於到了將父親家稱為「上宮門」，而將自己家稱為「谷宮門」，並將自己的兒子稱為皇子的地步。會有這樣的稱呼，想必是因為蝦夷的家位於山丘之上，而入鹿家位於山谷之間，但是以「宮門」（みかど，對天皇的尊稱）稱呼自己家則是徹頭徹尾的僭越。「みかど」的意思是御門，也就是天皇御所之門，因此引申為天皇的代名詞，但是蘇我入鹿開始以這個詞指稱自己。而且蘇我入鹿家中還有嚴密的防禦設施，他安排了五十個護衛時刻守在自己身邊，將出入自己家的人稱為「祖子需者」（おやこのわらわ），也就是「臣服於蘇我氏的年輕人」的意思。國家的綱紀由此混亂。反對蘇我氏暴行的人還沒有出現，但如果入鹿的暴行更進一步，日本國就面臨亡國的危機。

◎大化革新

蘇我氏滅亡

有一個名叫中臣鎌足的人，他的家族代代侍奉天皇家，執掌神祇祭祀之事，相傳他是天孫降臨神話中隨同瓊瓊杵尊一起降臨人間的天兒屋命的子孫，他的先人裡還有一位輔佐神武天皇進行國家建設的天種子命。鎌足這一代，遇上了蘇我入鹿的暴行。鎌足意識到，假如不打倒蘇我氏，國家就會陷入非常危險的狀態，因此他決定採取行動反對蘇我氏。為了尋求支援，他考察了一眾皇族的能力與反對蘇我氏的意願，發現舒明天皇的皇子中大兄皇子是反對蘇我氏最合適的夥伴，卻苦於沒有接近他的機會。碰巧，他聽說在法興寺有一場蹴鞠之會，中大兄皇子也會出席，於是他便前往參會。正巧皇子的靴子在踢球時鬆開，和球一起飛了出去，鎌足由於早有準備，迅速跑去拾起靴子，跪著將靴子進獻給皇子，皇子也跪坐下來接受他獻上靴子之舉，這就成了鎌足獲得皇子信任的原因，此後兩人無話不談。

這時候，有一位名叫南淵請安的學者，他當年被聖德太子派往隋朝留學，在隋朝停留了三十二年，是位飽學之士，四五年前剛從隋朝回來。中大兄皇子和中臣鎌足跟從這位老學者學習儒學，並在往返途中探討機密、甄選人員，又獲得了幾名同伴，等待著推翻蘇我氏的合適機會。

皇極天皇四年六月，三韓前來獻上貢品，將要在天皇御前舉行呈現儀式。這時，中大兄皇子定下計畫，指定以倉山田石川麻呂誦讀三韓的上表文為暗號，由佐伯子麻呂等人斬殺蘇我入鹿。然而石川麻呂讀上表文時，子麻呂卻因害怕不敢動手，石川麻呂擔心得汗流浹背，誦讀的聲音也顫抖了起來。入鹿覺得奇怪，就問：「你為什麼發抖？」石川麻呂答道：「因為在天皇面前承擔這樣重要的任務，所以緊張得發抖。」

中大兄皇子看到這個狀況，大喝一聲，一刀斬向入鹿。子麻呂因此鼓起勇氣，也上前一刀斬傷了入鹿的腳。天皇十分驚訝，詢問：「怎麼回事？發生了什麼事？」中大兄皇子跪下回答：「入鹿計畫謀害皇族奪取皇位，我們不能允許這一奸計得逞，因此誅殺了他。」天皇聽後進入內殿，子麻呂等人終於誅殺了入鹿。此後中大兄皇子立刻在法興寺設置大本營討伐蘇我蝦夷，以皇族為首，舊來的重臣們紛紛聚集於此。與此相對，歸化人們也武裝起來，聚集在蘇我家的宅邸附近，準備幫助蘇我蝦夷與中大兄皇子決戰。皇子派遣了一位名叫巨勢德陀的將軍勸降歸化人，向他們解釋了自從天地開闢以來君臣關係就是確定的，違反這一道理、想要篡奪皇位的人不會有好下場的道理。聽了將軍的演講，歸化人們紛紛解除武裝，最終蘇我家就這麼滅亡了。

膨脹是很可怕一件事情，蘇我一家原本是出自於皇族的名門望族，代代受到重用，功績不可勝數。然而隨著勢力的壯大，他們忘記了自己的本分，居然妄圖篡奪皇位，還重用歸化人，忘記了日本的國本轉而學習外國的文化，不僅對天皇毫無尊重之心，肆意行廢立之事，甚至還做出了諸如滅亡聖德太子的後人和利用歸化人行　君作亂之事的行為，結果終被滅族，這也是理所當然的事情。

大化革新

在誅殺蘇我入鹿之後，中大兄皇子的叔父孝德天皇即位，立中大兄皇子為皇太子，以阿倍內麻呂為左大臣、蘇我倉山田石川麻呂為右大臣、中臣鎌足為內臣，計畫進行政治上的大改革。天皇在一株大櫸樹下召集群臣起誓：「天覆地載，帝道唯一，而末代澆薄，君臣失序。皇天假我手，誅殄暴逆。今共瀝心血，自今以後，君無二政，臣無貳朝。若貳此盟，天災地妖，鬼誅人伐，皎如日月。」此後日本首次正式確定了年號，將這一年定為大化元年。這一年是皇紀一千三百零五年，以西曆計算則是西元六四五年，我們將從這一年起幾年間的一系列政治重大改革稱為「大化革新」。

大化革新的內容，簡單來說有以下幾條[19]。

第一，禁止土地歸人民私有，明訂所有土地皆歸天皇所有，應當接受朝廷的支配，並努力實現這一點。

第二，在首都和地方分別設置坊令、坊長、里長和國司、郡司來進行管理，以距都城較近的部分地區為畿內，並特別重視對這一地區的支配。

第三，編纂戶籍，統計準確的人口數量，給所有的人都分配一定數量的田地，並徵收相應的租稅。

這些事情的構想其實在聖德太子的憲法中都已經成形了，只是當時只能停留在理念層面、難以得到實施，豪族強行佔有土地與人民、不接受國家管理的情況很多，直到這時國家才通過一條一條具體的規定，使人民、土地和官員與天皇直接聯繫起來，接受朝廷的支配。這當然是一件極為困難的事情，正因為藉由蘇我氏這一權勢無雙的大豪族滅亡契機推行改革，其他想著一己私利的人才不敢反對，改革才得以一舉實現。此外聖德太子的教諭，乍看似乎過於天真，但是在不知不覺之間也逐漸滲透到了人民的心中，這一點也能從聚集在蘇我家的歸化人們聽從將軍巨勢德陀的勸說、解除武裝放棄抵抗這件事上一窺究竟。首先有聖德太

19 《日本書紀》中的《大化革新詔》是《日本書紀》的編纂者根據大寶令內容大幅竄改的結果，此為目前日本古代史學界的基本常識。——譯者註

子通過道義、道德的教育讓人心向善，要求人們自省，其次中大兄皇子斷然用武力鎮壓不聽從勸告的蘇我氏，這樣朝廷的權威終於能夠傳達到全國各地。

據說這時的規定是官吏必須在寅時出勤，在朝廷南門之外站成左右兩列等待日出，日出之後進入御門，在庭院內向天皇行再拜之禮後前往各自的工作崗位。假如遲到，就無法得到入門的許可。工作到午時，午時的鐘聲敲響之後就可以回家。寅時大約是淩晨四點，必須在淩晨四點之前離開家門，在宮門之外等待日出後進入宮門，可謂名副其實的早朝。不得不說，這個上班時間對於早晨愛睡懶覺的人來說是很大的負擔，但是到了中午十二點工作就能結束，由此可見這一規定還是相當寬容的，從中可以想像古代人的健康生活。

淩晨時分出勤，在日出的同時，百官進入宮門朝拜天皇，之後各自就位工作，這不正是一個欣欣向榮的國家應有的景象嗎？

天智天皇

白村江之戰

孝德天皇在位十年後駕崩，在這之後登上皇位的是之前的皇極天皇，她再次即位成為天皇，這一次被稱為齊明天皇。對於中大兄王子來說，孝德天皇是他的叔父，而齊明天皇則是他的母親。中大兄皇子在這兩位天皇在位期間都作為皇太子負責處理政務。以年齡而言，在誅戮蘇我氏一族時中大兄皇子二十歲，齊明天皇即位時中大兄皇子三十歲，齊明天皇駕崩時中大兄皇子三十六歲，之後又過去了幾年，中大兄皇子在四十三歲的那一年終於即位成為天皇，即天智天皇。然而，他在即位後短短三年就離世，享年四十六歲。換言之，天智天皇實際坐上天皇之位的時間只有短短三年，然而以皇太子身份處理政治事務的時間卻長達十多年。

那麼我們要回顧天智天皇的治世，顯然有必要將這前後二十多年的執政時間結合在一起來看。這二十多年來，日本國內最重要的事情是消滅了蘇我氏的勢力，推行了大化革新，對外則為了救援百濟與唐朝展開了戰爭，這是天智天皇治世期間最重要的兩件事情。前者在第十三章中已經進行了說明，那麼現在就針對後者進行簡單的敘述。

在朝鮮半島的南部，西邊有一個名為百濟的國家，而東邊則是名為新羅的國家。百濟常年在北方的高句麗、西面的中國和東邊的新羅等勢力夾縫間求生存，一旦受到夾擊，除了日本之外沒有可以依靠的外援。神功皇后當年帶兵渡海也是為了救百濟於水火之中，而同樣的局面一直持續了兩百多年，非但沒有好轉，反倒成為更加嚴重的問題。此前直接威脅百濟的是高句麗，而現在威脅到百濟的則是比高句麗強大千百倍的唐朝。唐朝取代隋朝統一了中國大陸，成為繼漢朝之後又一個靡堅不摧的王朝，憑藉其龐大的武力試圖征服朝鮮半島。唐朝的軍隊在唐太宗時期就開始持續進攻高句麗，到了接下來的高宗時期更是以蘇定方為大將軍，帶領十餘萬人的大軍攻入百濟，同時命令新羅從百濟的後方夾擊。這件事情發生在唐高宗顯慶五年，以日本的曆法來說則是齊明天皇六年，即西曆的西元六六〇年。百濟瞬間被擊敗，國王與太子、王族、重臣們都成了俘虜，被送往唐的首都，而唐王朝則將百濟的土地人民進行了再編，設置五都督、三十七州、二百五十縣，管理二十四萬戶人家，管轄人數高達六百二十萬。百濟人中有骨氣的一部分人以一位名叫鬼室福信的人為中心團結起來，來到日本請求放回他們的王子豐璋，以他為國王再興百濟國，同時也請求日本幫助，希望能夠將唐朝的勢力趕出百濟，重建百濟王國。朝廷收到這一請求立刻發詔，詔書中有「乞師請救，聞之古昔；扶危繼絕，著自恒典」之句，於是在這一年的年末，齊明天皇移駕難波宮（現大阪府內），開始準備軍器，同時命令駿河國（現靜岡縣）準備造船，在翌年春天通過海路行幸九州，停留在朝倉宮（現福岡縣），準備指揮出征軍，然而不幸的是她在這一年的秋天染病去世，此後就由皇太子中大兄皇子負責指揮。他給百濟的王子豐璋授予高位，送他返回百濟，同時派出士兵五千人，分乘一百七十艘船護送他回去。次年正月，日本送達百濟的救援物資包括箭十萬支、絲線五百斤、棉一千斤、布一千匹、皮革一千張、稻種三千石等，可以說是做好了輔佐百濟復國的準備。然而不幸的是百濟方面的主從之間產生了不信任感，重臣鬼室福信被豐璋處死，由此重臣內部產生了動搖，日本軍隊最終在天智天皇二年（唐龍朔三年）的白村江海戰中慘敗，被迫撤出朝鮮半島，百濟也完全滅亡。而此後不願意臣屬唐王朝的百濟人前來日本請求幫助，日本也迎接他們的到來，於天智天皇四年將四百多名百濟人安置到了近江國，次年則又將兩千餘人安置在東國，八年再一次將男女七百餘人收容在近江國，這些都是《日本書紀》中的記載。

當時日本與海外的交流日益頻繁，唐王朝統一中國大陸，威勢一時無二，而與其相比，百濟的國力則十分貧弱，完全不具備與唐王朝正面鬥爭的能力。天智天皇想必明白這一點，而在清楚意識到雙方實力差距的基礎之上，天智天皇仍然決定出兵救援百濟，這一方面是因為無法漠視小國就這樣被大國滅亡，另一方面或許是因為儘早將大國的勢力阻止在朝鮮半島上對於日本的自衛而言也有好處。

然而不幸的是，因為在白村江戰敗，日本說不定就要面臨唐朝大軍的直接侵略，因此整備國內的防禦成了當時最主要的任務。天皇一方面在對馬、壹岐島與筑紫設置防人守衛國境，另一方面在對馬島的金田、岐國（現香川縣）的屋島、大和的高安等地築城，在北九州地區也建築了水城、大野城和基肄城，在長門國（現山口縣）內建築了城池並在山頂設置負責傳遞緊急軍情的烽火，同時將國都遷往近江國的大津地區，做好了萬無一失的備戰準備。

如果只看結果的話，與唐朝的戰爭可以說是無謀之舉，在一場大失敗後又陷入了消極的退守，看似非常失敗，但是當時朝廷的計畫原本是非常龐大的。在與唐朝開戰的幾年前，日本海軍剛剛在阿倍比羅夫的領導下由日本海北上，平定了秋田、能代、津輕等地，前往渡島（現北海道），並征服了困擾當地居民多年的名叫肅愼的異民族，因此北方人民心悅誠服於朝廷的領導。這次遠征清楚地展示了朝廷的抱負之大，以及朝廷對海軍的自信。我們必須先意識到這次對百濟的救援，是發生在百濟已經滅亡但希望能夠以日本一己之力再興百濟王國的情況下。百濟的國王、太子與重臣們成為唐朝的俘虜、百濟滅國是在西元六六〇年，此刻遺臣鬼室福信等人計畫再興亡國，這時的詔書中也出現了「扶危繼絕」的表述。因此，日本才派遣了之前北上日本海建立功勳的阿倍比羅夫等人，率領數百艘戰船遠征百濟，然而最終因為位於計畫中心的豐璋與福信兩人之間無法互相信任，福信被殺，而日本軍隊則在白村江海戰中失利，迫不得已陷入退守的局面。

當時的唐朝，在武力與政治兩方面都非常優秀，四方的國家在被唐朝征服的同時也臣服於唐朝的文化政策，形成了「胡越一家，古來未有」的局面。唐朝在北方設置了安北都護府，管理的地區包括滿洲、蒙古甚至遙遠遼闊的西伯利亞地區；在南方設置了安南都護府，控制越南地區；在西面設置了安西都護府，轄區從甘肅、青海、西藏等地一直延伸到中亞地區；東面則在平壤設置了安東都護府，管理朝鮮半島。唐朝的威勢與命令所及之地極其廣闊，漢人的勢力在這一時期可以說是達到了前所未有的地步。然而，即使是這麼強大的唐王朝，也完全沒有要進攻日本的打算，這正是因為日本雖在白村江之戰中戰敗了，但是日本軍隊展現出勇敢奮戰、絕不屈服的鬥爭心，以及日本戰敗後立刻建立了周密的國防計畫。

壬申之亂

天智天皇的治世期間，文化十分繁榮興盛，指南車於此時傳入日本，採礦冶金的技術同樣獲得發展，計時裝置也是在這時候被發明出來。天智天皇任皇太子期間就曾親自製作計時用的沙漏，於天智天皇十年四月二十五日（現今日本的時間紀念日之所以被設置在每年的六月十日，就是將這一天換算為西曆的結果）將沙漏安置在臺上，到了整點，沙漏就會敲鐘提醒大家時間。

天智天皇四十六歲時與世長辭，此後執掌政務的是皇太子大友皇子，他與天智天皇的弟弟大海人皇子之間發生了衝突，大海人皇子此前一度被視為皇位繼承人，被立為皇太弟後卻最終辭退。大友皇子二十五歲時離世，大海人皇子登上了皇位。這一悲慘的爭鬥被稱為「壬申之亂」。如此不幸的鬥爭產生的原因是，古時候無論是日本也好還是中國也罷，尚未確立嫡子繼承的規矩，意即嫡長子繼承父親地位的原則，兄弟相承之事所在多有，因此作為繼承者的弟弟與嫡長子之間的爭鬥時有發生。尤其是天智天皇對內推行大化革新，對外與唐王朝作戰，這兩件事都很重大，一方面有因為這兩者對其衷心感佩的人，另一方面自然也有對這兩者不滿之人，於是重臣意見分歧產生了兩派。

不幸的是，重臣中最重要的中臣鎌足在天智天皇過世前兩年就去世了。在鎌足生病時，天皇親切地前去探病，並詢問他：「你有什麼遺願嗎？」鎌足回答道：「沒有任何問題，只希望葬禮能夠簡單進行就好。」天皇賜給他大織冠與大臣之位，並賜姓藤原，所以從此他的子孫都姓藤原。鎌足去世時享年五十六歲，要是壬申之亂時他仍在世的話，或許還有辦法處理這一局面，這真是件非常遺憾的事情。

藤原京

藤原京遷都

大海人皇子即位成為天武天皇，在位十五年後過世；此後他的皇后即位，是為持統天皇；十一年後她的孫子即位，是為文武天皇。在這三代天皇在位的幾十年間，國家體制逐漸完備，最終在奈良時代開花結果。舉例而言，歷史的編纂就是其中之一。天武天皇十年（六八一），以川島皇子、忍壁皇子為首的十餘人受命整理帝紀及上古的記錄，同時，一位元記憶力超群的名為稗田阿禮的青年（時年二十八歲），受命將太古以來的口述傳說歷史統一起來並全部背誦下來。前者經過編纂最終成為《日本書紀》，而後者後來也被整理成書，也就是《古事記》，關於這一點我們之後會詳述。

持統天皇在位的八年之內，建設了藤原京並將首都遷往此處。在此之前的帝都雖然有首都之名，但指的不過就是天皇的居所，從來沒有進行過這樣的都城建設。每代天皇在位時都會遷移居所，甚至一代之內幾度遷都的事情也發生過。以天皇的居所為中心，安置有處理政務的辦公場所並聚集了一批官吏。其中既有像仁德天皇一樣遠赴難波（現大阪府）之地的，也有像天智天皇一樣遷宮到大津（現滋賀縣）之地的，但是多數天皇皆選擇建都於大和地區（現奈良縣），尤其是推古天皇之後的幾任天皇都選擇在大和的飛鳥地區（現奈良縣高市郡明日香村）建立皇居。

推古天皇的豐浦宮、舒明天皇的飛鳥岡本宮、皇極天皇的飛鳥板蓋宮、齊明天皇的飛鳥川原宮、天武天皇的飛鳥淨御原宮等，都是在飛鳥地區建立的皇宮。

像這樣的歷代遷宮，一方面會導致當時的宮殿建築無法永久保存，另一方面其作為都市也難以被修建得繁華壯麗。因此在持統天皇四年，天皇在一眾重臣的陪同之下前往藤原之地進行考察，在那裡建立起宮殿，並於八年十二月將首都遷到了藤原京。整個藤原京由南至北分為十二條，每一條分為左、右京各四坊；在北方中央的地方有相當於十六坊大小的宮城，宮城之中有大極殿和十二間朝堂，東、西則分別設有朝集堂[20]。可以想像當人們看到這一整潔的都市與恢宏的宮殿出現時激動的心情，表現這一心情的和歌收錄在《萬葉集》之中：

やすみしし　わご大王
高照らす　日の皇子
あらたへの　藤井が原に
大御門　始め給ひて
はにやすの　堤の上に
あり立たし　見したまへば
大和の　青香具山は

20　作者撰寫此書時藤原京的考古發掘尚不完全，因此他的推定多有偏頗之處。現在根據考古發掘推定的藤原京是一個基於《周禮》理念建立的、以宮城為中心的正方形區域。——譯者注

日の経の　大御門に
春山と　繁さび立てり
畝火の　この瑞山は
日の緯の　大御門に
瑞山と　山さびいます
耳成の　青菅山は
背面の　大御門に
宜しなへ　神さび立てり
名ぐはし　吉野の山は
影面の　大御門ゆ
雲居にぞ　遠くありける
高知るや　天の御蔭
天知るや　日の御影の
水こそは　常にあらめ

御井の清水（五二）

這裡我以舊假名的書寫方式將和歌的原文寫出來，這首歌的大意是：統御天下的天皇在藤原之地建立宮殿，站在埴安池的堤防上遠望四方，東門前是蒼藍聳立的天香具山，西門前是祥雲繚繞的畝傍山，北門前則是充滿神秘氣息的耳成山，南門外遠處的是名字優美的吉野山，這是多麼美麗的風景啊，天皇的宮殿就建立在這麼一片美麗的土地之上，這裡的清水噴湧而出，彷彿永遠不會乾涸。天香具山、耳成山、畝傍山被稱為大和三山，不僅風景優美，且歷史悠久，有著諸多傳承，是日本的名山。這三山之間間隔約一里（四公里）[21]，中間形成一個三角形，藤原京就建設在這三山之中。人們目睹藤原京的建設，意識到藤原京與此前的都城都不相同，將會是一個永久的並有著詳盡規劃的都城，感到既驚奇又

21　這裡的里是明治政府制定的度量衡單位，約為三・九公里。另，作者此處表意不明，若指的是藤原京的京域，則無論是現在主流的大藤原京說也好，舊說的小藤原京說也罷，大和三山均位於京域之內。——譯者注

欣喜，於是祝福天皇的治世就像京中日夜不斷湧出的清水一樣永無止境、直到永遠，這就是這首和歌的意思。

大寶律令

文武天皇在治世期間制定了律令。所謂的「律」，指的是關於「不能做什麼事情」的規定，換言之類似於現在的刑法；至於「令」，則是關於「應該怎麼做某件事情」的規定，例如官職規定就包括在這裡面。天智天皇時就開始著手律令的制定，天武天皇時進一步加以改定，最終文武天皇在治世時又一次修訂，終於在大寶元年（七〇一）徹底完成。當時的律有六卷，令有十一卷，其中有一部分內容在後世流傳過程中散佚，但是絕大多數的內容保存了下來，而散佚部分的內容也能通過各種引用大寶律令的書目輯佚方式大概明瞭。

現在我們先看一下大寶令中關於官員組織的規定，大寶令中首先出現的部門是神祇官，接下來則是太政官。這並不是說神祇官比太政官重要，而是表現了尊敬神明、將神祇祭祀優先於其他一切事務的想法，因此才將神祇官的位置擺在太政官的前面。太政官下設少納言、左弁官局、右弁官局三個機構，少納言、左大弁和右大弁分別是這三局的行政負責人。在這三局之上，設置有四名大納言，大納言之上又設有一名右大臣，右大臣之上則是一名左大臣，這些人負責總理太政官的政務。在這些人的上面還設置有一名太政大臣，他的責任是擔任天皇的導師與代表國民的理想形象，有必要由德高望重、盛名遠播國外之人擔任，因此大寶令中也規定了「無其人則闕」，也就是說要是沒有適合擔任這一職位的人，這個職位就一直空缺，所以這個職位也被稱為「則闕之官」。

太政官下負責具體行政事務的是八省，由左、右弁官局各自統領四個省。

左大弁：中務省（負責管理宮中的政務）

式部省（負責管理禮制、教育、監察等）

治部省（負責管理音樂、僧尼、外交等）

民部省（負責管理戶籍、租稅等）

右大弁：兵部省（負責管理兵員、軍事等）

刑部省（負責管理訴訟、刑罰等）

大藏省（負責管理貨幣、租稅等）

宮內省（負責管理宮內的御用）

以上為中央的官制，接下來看地方的官制。都城設有左、右京職，九州設有大宰府，各國設有國司，各郡則設有郡司。這些部門的官吏分為「長官」（かみ）、「次官」（すけ）、「判官」（じょう）、「主典」（さかん）四級，以明確上下秩序，保證權限與責任不會產生混淆。這四等官制的官員名根據部門不同採用不同的漢字，但是在日文訓讀時則是完全一樣的，例如八省的長官為卿，八省下屬寮司的長官為頭，軍事長官則為督，國的長官則是守，而次官也有輔、亮、佐、介等相應漢字的區別，因此只要看這些漢字就能大致知道這個官員負責管理的內容。

這一時期設定的官制，隨後多少進行了一些修正，例如加設了中納言和參議，又新置了檢非違使等使職，但是這一官制的基本結構得到了保存，一直持續到明治十八年。從大寶元年至明治十八年，也就是說此一官制在這一千一百八十四年間一直延續著，日本這個國家的國格在這些細小的地方同樣有絕佳的體現。

遣唐使

大寶元年還有另一件需要注意的事情，那就是派遣遣唐使。這一年的正月，天皇任命粟田真人為執節使、高橋笠間為大使，以下則有副使等一系列隨員，在經過一系列的準備後於次年六月正式出發、前往唐朝。之所以會有這一年多的間隔，是因為遠航用船等的準備需要這麼長的時間。出發後約兩年的慶雲元年七月，真人等人完成任務歸國，他們的報告非常有趣。

當他們渡海踏上唐朝土地時，有人問他們：「何處使人？」他們回答道：「日本國使。」並反問了一句：「此是何州界？」對方的官員回答說：「是大周楚州鹽城縣界也。」於是日本的使者又問了一句：「先是大唐，今稱大周，國號緣何改稱？」對方回答說：「永淳二年天皇大帝（唐高宗──譯者註）崩，皇太后登位，稱號聖神皇帝，國號大周。」

在這一系列問答結束之後，對方的官員對日本的使者們說道：「亟聞海東有大倭國，謂之君子國，人民豐樂，禮義敦行。今看使人，儀容大淨，豈不信乎？」對方的官員以此結束對話後離開。

這份報告的內容非常有趣，唐太宗、高宗之世，唐朝的勢力達到了前所未有的地步，這一點我們在之前已經提到過。高宗去世後，皇后武則天奪權，她的革命一時間得到了成功，在十五年間將國號由唐改為周，這一點在這份報告中也能看出來。此外，據這份報告可知，遣唐使的船是由九州出發向西南方渡海前往揚子江流域。在文武天皇治世時，種子島、奄美大島等地的居民得到了朝廷封賜的爵位，而薩摩國則有平定叛賊、加強軍事整備的一系列舉動，將這些活動與遣唐使的船沿南方航路航行這件事一起考慮的話，可以得知這段時間日本在西南方面已開始樹立國威。

◎平城京

遷都平城京

之前談到持統天皇八年興建藤原京，而藤原京地處大和三山之內，四方遠眺的景色十分美麗，這一點早先也引用了當時的和歌作為說明，想必大家能夠理解。

話題一轉，想必大家在正月時都玩過歌牌吧。在歌牌上所記載的「百人一首」中，有一首持統天皇的和歌：

春過ぎて 夏来にけらし しろたへの
衣ほすてふ 天の香具山

《小倉百人一首》裡對這首歌進行了一些修改，持統天皇原來的和歌收錄在《萬葉集》中，有幾處與百人一首有些不同：

春過ぎて　夏来たるらし　しろたへの

衣ほしたり　天の香具山　（二八）

這才是這首和歌原本的模樣。人們在天香具山上晾曬著衣物，而持統天皇看到青山被白色的衣物染白的樣子，意識到夏天來了，因而發出感歎，這就是這首和歌的意思。如果按照百人一首修改後的「衣ほすてふ」解釋，意思就變成了「聽說人們要在天香具山上曬衣服」，即持統天皇不是直接看到天香具山上的情況而是根據人們的話語想像天香具山上的樣子，然而如前所述，從藤原京內是能夠直接看到天香具山的，因此這是一首持統天皇根據實際的所見所感而作的和歌，絕不能是「衣ほすてふ」，而只能是「衣ほしたり」了。

在大和三山的環繞之中，被人們認為會像井內噴湧而出的泉水一樣長久不衰的藤原京，也不過在十六年後就被別處取代了。持統天皇之後即位的文武天皇，在年僅二十五歲時即不幸英年早逝，之後他的母后即位，是為元明天皇。元明天皇在和銅元年二月頒布遷都詔，三年三月將首都遷到了平城（なら）。這個地方後來一般寫為奈良，在當時一般使用「平城」這兩個漢字。大家都知道「平均」這個詞吧，平城這個地名就因土地的平整而來。至於為什麼要放棄藤原京、遷都至平城京，我們並不清楚其原因[22]。遷都詔中提到帝都的建設需要大量費用和勞力，因此天皇並不認為這是一個合適的遷都時機，但是因為遷都是大家的期望，「眾議難忍」，最終做出了遷都的決定。而奈良之地的山野地勢最合適修建新的都城，但天皇希望在秋收之後百姓的閒暇時間再讓百姓從事道路修建等工作，不要給百姓增加負擔，由此可知這次遷都是根據人民的希望進行的。

青丹吉寧樂

此前的藤原京已經具備不小的規模，平城京自然對區域規劃有進一步的要求。平城京大約四公里見方，是一個東西稍短、南北略長的長方形，在正中間有南北向的朱雀大路將左京與右京一分為二，南北共有九條大路而東西則有八坊[23]，將城市分割為若干個區域，而原本建立於飛鳥地區的諸寺也逐漸移建了過來，興福寺、大安寺、元興寺、藥師寺等都慢慢移建至平城京內，成為新都內的一道風景線。聖武天皇神龜元年時，出於向來朝的萬國使節顯示國家威嚴的必要，朝廷放寬了身居高位和家財雄厚之人修建房子的限制，允許他們用瓦鋪設屋頂，將柱子塗成赤紅、牆壁塗為白色，可以想見京內因此變得更加美麗。藤原京以大和三山的遠眺風景為美，對於平城京的居民而言，三笠山就是令他們魂牽夢

22 藤原京是以《周禮》理念所建的都城，而此後的遣唐使見識到長安的規模後意識到藤原京的不足，為模仿長安而建新都，此為近年平城遷都理由的通說。——譯者注

23 平城京有北邊坊等區域存在，並非完整的長方形。——譯者註

榮的風景。

在接下來的元明、元正、聖武、孝謙、淳仁、稱德、光仁七位天皇約七十餘年的治世期間，平城京都一直作為日本的首都繁榮昌盛。由以下幾首和歌可以看出當時的人們究竟有多麼喜愛這個首都。

青丹よし　寧楽のみやこは　咲く花の

薫ふが如く　今盛なり（三二八）

（奈良之都，現在正如怒放的花兒一樣，迎來了它的鼎盛期。）

這是小野老所作的歌，「青丹よし」是「奈良」一詞的枕詞，從這個枕詞中能多少感受到平城京的美麗。

藤浪の　花は盛に　なりにけり

平城の京を　思ほすや君（三三〇）

這是大伴四綱的歌，「藤浪の花」指的是藤花，當藤花滿開、微風吹起時，藤花的搖動就像波浪一樣，因此有了這麼一句和歌。這首歌的意思是，當藤花盛開之時，你一定會想起平城京藤花的美麗風景，作者藉此表達自己對都城的深愛之心。

沫雪の　ほどろほどろに　ふりしけば
平城の京し　おもほゆるかも（一六三九）

這一首是大伴旅人的和歌，意思是說每當看到粉雪鋪滿庭院地面，就能感受到對平城京的愛意。

不僅當時的人們喜愛平城京，即使後世首都遷到平安京（現京都市）之後，奈良也作為日本人的精神故鄉而受到人們的喜愛，例如《小倉百人一首》中就有這樣一首歌：

いにしへの　奈良の都の　八重桜

今日九重に　匂ひぬるかな

（當初盛開在奈良之都的八重櫻，現在它的香氣就像這樣飄散在九重禁裏之中。）

這是伊勢大輔的歌，作於奈良不再是首都的兩百數十年後。不僅如此，芭蕉在九百年後還寫了這樣的俳句來懷念平城京：

奈良七重　七堂伽藍　八重桜

然而最打動人的還是阿倍仲麻呂的和歌。仲麻呂年輕時就聰明伶俐、博覽群書，因此在元正天皇靈龜二年時被選拔為留學生派遣去了唐朝，時年十六歲。他的相貌、學問出眾，態度良好，當時唐朝的皇帝玄宗將他提拔為唐朝的官員，因此他錯過了一次回國的時機。他與當時著名的詩人，例如李白、王維等都有交流，不知不覺就在唐朝度過了三十多年。仲麻呂也到了知天命之年，思鄉之情愈發強烈，正巧遇到了藤原清河作為遣唐使訪唐，就向皇帝提出想要和這一批遣唐使一起回國。當時唐朝的友人們舉辦宴席作詩送別他，仲麻呂仰望月亮，詠了如下這首詩：

あまの原　ふりさけ見れば　春日なる
三笠の山に　出でし月かも
（仰望高掛於天空的明月，我不禁想起故鄉。想必在此看到的月亮，和在故鄉春日地方的三笠山上看到的是同一個月亮吧。）

想必成長在平城京的人，對於三笠山的印象是難以磨滅的吧。但是仲麻呂所坐的船在海上被颱風吹離了原來的航線，最終漂流到安南（越南）。在唐朝的首都長安，仲麻呂的朋友詩人李白誤以為他遭遇海難，作了下列這首詩悼念好友：

日本晁卿辭帝都，征帆一片繞蓬壺。
明月不歸沉碧海，白雲愁色滿蒼梧。

仲麻呂後來又回到了長安，得到唐朝朝廷的優待，結果最終還是沒能回到祖國，七十歲時在異國他鄉離世。雖然他是以留學生身份被派遣到唐朝去的，卻沒能回國為祖國的建設貢獻力量，但是他在唐朝與李白、王維等當時一流的詩人之間的交流，充分發揮和展現了日本人的才能，這一點獲得日本朝廷的好評，他後來被朝廷追贈了正二位的位階。

◎記紀、風土記

《古事記》

此前已經說過在元明天皇治世的和銅三年，首都遷到了平城。遷都是件非常重大的事情，在這兩年後的和銅五年，《古事記》編纂完成，次年諸國又受命編纂了《風土記》，在七年後的元正天皇養老四年，《日本書紀》的編纂工作也完成了。在這裡我們專門開闢一章介紹這三本書。

有一本書名叫《古語拾遺》，是在一千一百六十餘年前由一位名叫齋部廣成的人撰寫的，《古語拾遺》的卷首寫道：

蓋聞，上古之世，未有文字，貴賤老少，口口相傳，前言往行，存而不忘。

書契以來，不好談古，浮華競興，還嗤舊老，遂使人歷世而彌新，事逐代而變改，顧問故實，靡識根源。

作者感歎，在上古還沒有文字的時候，父輩、祖輩的言行通過口述傳說代代流傳了下來，被記得十分清晰；而文字出現、歷史以文字記錄之後，人們反而十分隨意地處理諸事，對沒有文字的時代歷史不屑一顧，置若罔聞。這樣的風氣想必是從前就開始有了，因此針對這一問題，天武天皇決定對過往的口述傳說加以整理，參考朝廷與重臣家中保存的記錄，整理出一套完整的歷史；又命令時年二十八歲的舍人稗田阿禮全文背誦這些經過整理的內容。不流於文字，而是令一位記憶力出眾之人通過朗誦記憶的方法保存下來，是因為這種方法是最合適的，古來的語部們也都是這麼做的。此前的口述傳說有一個問題，那就是雖然保存下來很多有趣的故事，但是甲只記得甲所知道的故事，而乙也只能傳播乙所知道的故事，這些故事沒有辦法覆蓋日本的全部歷史，而且這些故事之間的關係也不明確，有很多故事不知道哪一個在前、哪一個在後。將這些故事按照發生的前後順序加以排列、刪除掉日本歷史中不重要的部分或者是有錯誤的內容，再對照記錄，補充有必要增加的內容，由此完成了一套完整的日本史故事，讓稗田阿禮朗讀並背誦下來。想必天武天皇原本也有將這些內容整理成書的打算，但是因為有進一步整理這些內容的後續計畫，所以讓阿禮背誦的可說是類似草稿的東西，結果天武天皇還沒有來得及進行下一步的編纂就去世了。到了元明天皇治世的和銅四年，距離天武天皇過世已經二十五年，當年還年輕的稗田阿禮也已經逐漸上了年紀，元明天皇擔心他背誦的歷史就這麼失傳，於是在和銅四年九月十八日，命令太安萬侶將阿禮背誦的歷史全部整理成書籍，這就是《古事記》一書的由來。

太安萬侶是一位精通漢學的優秀學者，這一點在他為《古事記》所作的序文中完美地表現出來，無論是「所以出入幽顯，日月彰於洗目；浮沉海水，神祇呈於滌身」也好，還是「得一光宅，通三亭育」也好，他從中國的古代經典中摘抄語句，將文章寫得非常華麗。我在這裡將他的原文轉寫為假名以方便大家理解，但是其原文則全部用的是艱深的漢字，如果只看文章的話甚至會懷疑這是中國人所寫的，太安萬侶的漢學功底就是如此深厚。而且更重要的是，太安萬侶雖然有如此深厚的學問功底，但是非常忠實於阿禮所背誦的內容，僅僅照錄阿禮的原話，而沒有根據自己的想法與學問隨便竄改文字、修飾文章。也就是說，在《古事記》裡，口述傳說以最原始、最純粹的狀態得到了保存。舉例而言，大國主神被他的兄弟八十神欺負時的記載如下：

故入其野時即以火迴燒其野。於是，不知所出之間，鼠來云：「內者富良富良，外者須夫須夫。」如此言故，蹈其處者，落隱入之間，火者燒過。爾其鼠咋持其鳴鏑出來而奉也，其矢羽者，其鼠子等皆喫也。

他的行文就是這種感覺，因為他就是這樣簡簡單單地將口述傳說原原本本地記錄下來，因此過去的語言得以保留，祖先們說故事時的心情也完美地傳遞給後人。而且因為只是將口述內容記錄下來成為文字，所需的工作時間也很短，他在和銅四年九月十八日接受敕命後，於次年的正月二十八日就完成了《古事記》一書的編纂工作並將其獻給天皇，一共只花了四個月多一點的時間。

《日本書紀》

與《古事記》不同，《日本書紀》則是由諸多學者長年的心血積累而成的。聖德太子所編纂的《天皇記》《國記》等書如果流傳下來就好了，可惜的是這些書保存在蘇我蝦夷家，在蘇我氏滅亡時全部被付之一炬。有一個名叫船惠尺的人，從這一場大火中搶救出了一部分《國記》，獻給了中大兄皇子，因此這些書中多少還是有一部分流傳了下來。天武天皇十年，朝廷開始了大規模的歷史編纂事業，一方面整理至此為止保存下來的記錄，另一方面也參考重臣豪族家中所保存的檔案，以及中國與朝鮮的古書，確立了保證準確性的編纂方針。因為這一編纂工作規模宏大，又以保證準確性為基本方針，因此花費了大量的人力與時間，最終以舍人親王為總編，於元正天皇養老四年五月完成了全卷並獻給天皇。《日本書紀》全書由正文三十卷與系圖一卷構成，相比只有三卷的《古事記》，足足有十倍以上的分量。從內容上來看，《古事記》是從神代開始記載到推古天皇治世為止，《日本書紀》的記事也始於神代，但一直記錄到了持統朝，比《古事記》多記載了七代天皇的治世。此外，因為當時假名還沒有出現，因此兩者都是用漢字書寫，但是兩者在漢字的使用方式上有所不同。例如，剛才所舉的《古事記》中老鼠出來說的話裡有這麼一句：「內者富良富良，外者須夫須夫。」在這句話的「富良富良」和「須夫須夫」之下，都有「此四字以音」的注釋，也就是說這四個字要用漢字原本的讀音來讀，而沒有特別加這種注的地方則要以訓讀來讀，因此剛才的這句話，就應該讀作「うちはほらほら、そとはすぶすぶ」。而在《日本書紀》裡，漢字的使用方式就不一樣了。舉個例子，神武天皇東征的途中，曾經在筑紫的菟狹川邊上一個名為「一柱騰宮」的地方受到歡迎，而在這個地名下的注釋寫道：「一柱騰宮，此云阿斯毘苫徒鞅餓離能宮」，也就是說這個「一柱騰宮」四字，應該讀為「あしひとつあがりのみや」。意即《古事記》的記載以訓讀為本，在需要音讀的部分專門加以標注，而與此相對的《日本書紀》則是專門標注了訓讀部分，換言之其他部分採用的都是音讀。當然，實際上《日本書紀》裡也有大量需要使用訓讀的內容，但是至少做好了以音讀也能夠順利讀下來的準備，換言之，這是一部準備讓外國人也能讀懂的歷史書。

《日本書紀》的編纂者們，調查了中國與朝鮮的歷史與古文獻，希望編纂出一部完美無缺的史書，正因為如此，發生了一些有趣的事情。舉例而言，假如現在要了解古代朝鮮歷史的話，我們必須使用一部名為《三國史記》的書，這一部《三國史記》成書於高麗仁宗二十三年（一一四五），換言之是八百二十餘年前的作品。但是實際上朝鮮地區早在這數百年以前就有各式各樣的歷史書了，為了研究這些朝鮮古代的史書，就不得不利用《日本書紀》。《日本書紀》中引用了不少《百濟記》《百濟新撰》《百濟本紀》等史書，也就是說朝鮮的古文獻在朝鮮半島散佚了，反而是在日本的《日本書紀》中能夠一窺原貌。

就連外國的史書都如此用心地調查，對於日本的古代歷史記錄更沒有不仔細檢查的道理。編纂者們將這些記事一一仔細檢證，當發現相互衝突的記錄時，沒有簡單地選擇其中某一種，而是出於參考的目的，將這些互相衝突的記載羅列在正式的記載後面，可見編纂者們的慎重。《日本書紀》中以「一書曰」起頭，將出典各異的各種記錄一一羅列，這是非常令人感動的。

《風土記》

最後來介紹一下風土記的情況。《古事記》成書於和銅五年，次年國家就向全國各地下達了命令，要求諸國編纂風土記，記載當地的土地狀況、山川名稱、風味特產與舊來的口述傳說等，將這些東西整理成書，提交給朝廷。所謂的國，可以大致理解為現在的縣，是各地的行政區域。諸國將這些內容調查後整理成書，書名就定為《風土記》。諸國當然都會提交編纂完成的《風土記》，但是這些書在後世逐漸散佚，大多數《風土記》都只能夠從其他著作中找到幾句引用而已，只有常陸（現茨城縣）、播磨（現兵庫縣）、肥前（現長崎、佐賀縣）、豐後（現大分縣）四國的《風土記》分別流傳下來了一部分，而出雲（現島根縣）的《風土記》則全本流傳了下來。各國《風土記》編纂完成的時間各有差異，《出雲國風土記》的編纂完成時間是天平五年（七三三），從這本書中可以看到出雲國的郡鄉區劃、位置、山川海島、地名由來、特產、神社寺院、警備狀況等，這些內容都得到了很好的整理。而讀《出雲國風土記》時最有趣的是，語部所傳承下來的口述傳說就像《古事記》裡的一樣，被原原本本地保存了下來。

所以號「意宇」者，國引坐八束水臣津野命詔（中略）栲衾．志羅紀乃三崎矣、國之餘有耶見者、國之餘有詔而。童女胸鉏所取而、大魚之支太沖別而、波多須須支穗振別而、三身之網打掛而、霜黑葛闇闇耶耶爾、河船之毛毛曾曾呂呂爾、國國來來引來縫國者、自去豆乃折絕而、八穗爾支豆支乃御崎。

〔意宇郡之所以名叫意宇郡，是因為國引坐八束水臣津野命的詔書中寫道：「（中略）新羅的海角，也是我們國土的一部分。」於是他取過大鋤，將大鋤鋤進土地裡，用力一翻，接上結實的網子慢慢將國土拖了過來，這片牽引過來的土地就是從去豆（現平田市小津）的海角凸出來的海角。〕

這是著名的國引神話，就和《古事記》裡的「內者富良富良，外者須夫須夫」一樣，將語部們代代傳承的口述傳說直接記載了下來。如果沒有《古事記》或者《風土記》的話，這些故事最終要麼消失，要麼即使不消失，其內容也會隨著口傳而逐漸發生變化。這些故事能夠在一千二百年前，通過文字記載的方式保存下來，我們沒有理由不重視這些書籍。

◎萬葉集（上）

萬葉假名

日本將首都置於奈良的時代被稱為「奈良時代」，日本在奈良時代不僅完成了《古事記》和《日本書紀》的編纂，還令諸國編纂了各自的《風土記》，這些都是非常值得注目的事情，在一千二百年後的今天，還能夠看到這些當時的書籍，不得不令我們感到幸福。但是除此之外，奈良時代還有非常貴重的東西，那就是《萬葉集》。關於《萬葉集》我不得不多說幾句。

《萬葉集》共有二十卷，收錄的全部都是和歌，其中既有長歌也有短歌，合計共有四千五百一十六首之多。最早的和歌可以上溯至仁德天皇時期，最晚的和歌則作於淳仁天皇天平寶字三年（七五九），而整部《萬葉集》中最多的還是藤原京、平城京時代的和歌。如前所述，《萬葉集》是將眾人的和歌編纂而成的歌集，但是這部和歌集的編者不明。也不是一個人一次性將全部內容彙整在一起，而是若干人分別對和歌進行整理，最後再由一個人統整，最終成書的產物就是《萬葉集》。一般認為大伴家持與《萬葉集》的編纂工作有很大關係，然而還不能確定《萬葉集》就是他編纂的。

毫無疑問，《萬葉集》全文皆以漢字書寫。當時還沒有發明假名，所以自然只能用漢字。然而，並不能說用漢字來表述日語就十分困難，因為《萬葉集》使用漢字的方式比《古事記》更加大膽奔放、自由自在。例如，使用「阿」字或者是「安」字來表示ア字的讀音，使用「伊」、「異」等字來表示イ字的讀音，使用「宇」字來表示ウ字的讀音，エ則對應「衣」字，カ則對應「加」、「歌」、「嘉」等字。以上這些都還算是普通的用法，有趣的是以下這些用法：

アラシ　冬風

チチハハ　親親

カタブク　西渡
イカリ　重石
カモ　青頭鷄
サブシ　不樂
ケブリ　火氣
キリ　白氣
シ　二二（二二得四）
トヲ　二五（二五得十）
クク　八十一（九九八十一）
イデ　山上復有山（「山」上有「山」為「出」字）
ブ　蜂音
ム　牛鳴
イ　馬聲
アラレ　丸雪

マデ 二手、 左右、 諸手

這都是些多麼大膽自由的使用方式呀。卷十二裡有這樣一首和歌：

馬聲蜂音石花蜘蟵荒鹿

大家覺得這首和歌要怎麼讀呢？馬、蜜蜂、蜘蛛、鹿一起出現，彷彿就像動物園一樣吧。實際上這個應該讀為「いぶせくもあるか」，為什麼要這麼讀呢？因為馬的叫聲是「イヒヒン」，所以「馬聲」對應的是「イ」；同理，「蜂音」對應的則是「ブ」，「石花」則是龜足的古名，是一種海洋生物，它的古音讀作「セ」；「蜘蟵」與「荒鹿」則是標準的音讀了，因此整句連起來讀作「いぶせくもあるか」，也就是心情不佳的意思。

我們聽完這些解釋，或許會有恍然大悟的感覺，但是最初寫下這句的人想必花費了諸多苦心。而隨著時間的推移，奈良時代過去了，該時代的人逐一離世，這一部艱深難懂的《萬葉集》卻流傳了下來。到了村上天皇的治世時期，距離《萬葉集》編纂的時間已有二百多年，很多人已經難以讀懂《萬葉集》。於是，天皇在宮中的梨壺院，召集了一批學者，令他們學習、研究《萬葉集》。以此為起點，鎌倉時代有仙覺、江戶時代則有契沖、賀茂真淵以及鹿持雅澄等優秀的學者相繼出現，由於他們鍥而不捨的研究，再加上明治、大正、昭和年間的學者們又對《萬葉集》進行了詳細的考察，到了現在我們基本上可以讀懂《萬葉集》了。這離不開眾多學者的努力，其中無論哪一位都付出了巨大的努力，我們在享受《萬葉集》帶來的愉悅時，也不能忘記向學者們的努力表示感謝。這些學者中特別值得一提的是仙覺律師，他在幼年時期就立志要解讀《萬葉集》，從十三歲到四十多歲為止的三十多年間，每天向神佛祈禱，他祈禱的對象既包括日本全國各地的大神，例如天照大神、賀茂、八幡、日吉、熊野、御岳、白山、伊豆山、箱根、三島、富士、諏訪、鹿島、香取等諸神，也包括與和歌有著密切關聯的住吉、玉津島、北野等諸神，以及山部赤人、柿本人麻呂等和歌名人的神靈，他祈禱能夠明白大和語言的源頭。據說，他因為這幾十年不斷的虔誠祈禱，逐漸能夠讀懂此前讀不懂的和歌了。這只是優秀學者們歷經千辛萬苦進行研究的一個例子，這些都是我們不能忘記的。

柿本人麻呂

接下來，我想針對《萬葉集》中的和歌做一些介紹，但是畢竟《萬葉集》收錄了超過四千五百首和歌，因此只能對其中的一小部分進行介紹。首先，我想從舒明天皇的和歌開始介紹。舒明天皇是天智、天武兩天皇的父親。

大和には　群山あれど
とりよろふ　天の香具山
登り立ち　国見をすれば
国原は　煙立ち立つ

海原は　鷗立ち立つ
うまし国ぞ
あきつ島　大和の国は（二）

這首和歌的意思是：「大和地方的山為數眾多，登上大和的群山中最為壯麗的天香具山眺望四方，發現平原上有民家的炊煙冉冉升起，這說明人民的生活富足，大池邊上則有海鷗在玩耍，這說明國內和平安樂，就連鳥獸也不受到驚嚇。啊，我們的大和國，是多麼美麗的一個國家啊。」

其次是天智天皇的和歌：

わたつみの　豊旗雲に　入日さし
今夜の月夜　あきらけくこそ（一五）

這首和歌的意思是：「莊嚴神秘的海上，橫著一片雄偉龐大的雲，雲被夕陽染上顏色、十分美麗，希望今晚的月夜也能有明亮的月光。」

再次，天智天皇將國都遷往近江（現滋賀縣）的大津時，皇族額田王表達對於遠離故鄉飛鳥之地的悲傷而留下和歌：

三輪山を　しかも隠すか　雲だにも
情あらなむ　隠さふべしや（一八）

這首和歌的意思是：「令人懷念的三輪山，我本想再多看它一眼，與它依依惜別，但是雲不遂我意，將山遮住了，雲為什麼就不能同情一下將要告別故鄉的我呢？」

而這個大津宮在短短五年後就被廢棄，天武天皇再度將皇宮遷回了飛鳥。柿本人麻呂看到大津宮遺址上雜草叢生，當年的皇宮現在則是一片荒野，感傷不已，詠了以下和歌：

玉だすき　畝火の山の
橿原の　ひじりの御世ゆ
生れましし　神のことごと
樛の木の　いやつぎつぎに
天の下　知らしめししを
天にみつ　大和を置きて
青丹よし　奈良山を越え
いかさまに　念ほしめせか
天離る　夷にはあれど
石走る　淡海の国の
楽浪の　大津の宮に
天の下　知らしめしけむ
天皇の　神の尊の
大宮は　此処と聞けども

大殿は　此処と云へども
春草の　茂く生たる
霞立つ　春日の霧れる
百敷の　大宮処
見れば悲しも（二九）

這首和歌的意思是：「神武天皇以來的歷代天皇，都將首都放在了大和，不知天智天皇出於怎樣的想法而將首都遷到了大津，而這個大津宮，現在卻也徹底荒蕪廢棄，宮殿的遺址上春草叢生，看著這一堆野草上升起的春霞，想到這裡曾經是宮殿的遺跡，覺得非常悲傷。」除此之外還有兩首：

楽浪の　滋賀の辛埼　幸くあれど
大宮人の　船待ちかねつ（三〇）

意為：「在滋賀的辛崎地區還能看到浪濤拍岸的美景，但是大津宮中的宮人們再次泛舟湖上的場景不會再有了。」

楽浪の　滋賀の大曲　淀むとも
昔の人に　またも逢はめやも（三一）

意為：「琵琶湖的水能夠在滋賀的小灣中沉積下來、不再流動，但是時間不會有任何停滯，那些經歷過當年大津宮繁華時代的人，現在卻一位都見不到了。」

這兩首都非常令人傷感。

柿本人麻呂是主要活躍於藤原京時代的歌人，他不僅是當時最優秀的歌人，更被後世尊為歌聖。請看接下來的這首歌：

淡海の海　夕浪千鳥　汝が鳴けば

心もしぬにい　にしへ思ほゆ（二六六）

「在夕陽西下的琵琶湖上鳴叫的千鳥呀，聽到你們的叫聲，我的心也傷感不已，想起故人與往事，不禁要哭了出來」，人麻呂又一次回想到天智天皇的治世而感到哀傷。

もののふの　八十宇治河の　網代木に
いさよふ浪の　行方知らずも（二六四）

「在宇治川上，為了捕獲小鯰魚而將木材擺成網狀，波浪打在這些木材上一時偏離了原來的方向，而人的命運也就像這些波浪一樣，完全不知道將來會變成怎樣」，柿本人麻呂如此痛感人生的無常。當然，他留下的也並非只有這樣感傷的和歌：

東の　野にかぎろひの　立つ見えて
かへり見すれば　月傾きぬ（四八）

「天就要亮了，看向東方時就會看見太陽即將升起，原野上更是出現了海市蜃樓；而回頭看西邊，則能看見月斜西山之景。」這首和歌描繪了如此雄大的景色與清爽的氣氛。

◎萬葉集（下）

山上憶良

《萬葉集》中收錄的持統天皇給志斐老嫗的和歌，是她以輕鬆愉悅的心情所作的揶揄之作，非常有趣。

不聽と云へど　強ふる志斐のが　強語
このごろ聞かずて　朕恋ひにけり（二三六）

持統天皇說：「志斐老嫗的故事，之前已經聽得不想再聽了，但是她不停地說，最近沒有聽到她的消息反而很想念，要是有機會的話，希望能夠再聽到她給我說故事。」而老婦的答覆更是有趣：

否といへど　語れ語れと　詔らせこそ
志斐いは奏せ　強語と詔る（二三七）

老婦回答道：「您說已經不想再聽我說故事了，但是又命令我再多說一些、再多說一些，我迫不得已地又多說了一些故事，結果又被您說我話多，這件事情讓我難以接受。」由此可以發現，當時的君臣關係並不僵硬，反而充滿了溫情與樂趣。

志貴皇子是天智天皇的皇子，他也作了一首好歌：

石ばしる　垂水の上の　さ蕨の
萌え出づる春に　なりにけるかも（一四一八）

「被小瀑布傳來的清泉流水之聲所吸引，抬眼望向瀑布時，卻發現瀑布上方長出了蕨草的新芽，我忽然意識到原來春天已經到來了。」他一邊對氣候時節的變化感到驚訝，一邊也對春天的到來表示驚喜，就是這樣一首歌。

山上憶良是遣唐使的隨員，在大寶二年前往唐朝，他精通漢學，同時也作過難以令人忘懷的優秀和歌：

銀も　金も玉も　何せむに
まされる宝　子に如かめやも（八〇三）

意為：「人們都說金銀珠玉是寶物，但是我不知道這些東西有什麼用處，最貴重的寶物是孩子，再沒有比起孩子更重要的寶物了。」

憶良らは　今は罷らむ　子哭くらむ
それその母も　吾を待つらむぞ（三三七）

意為：「宴會雖然還沒結束，但是我不得不回去了，因為我家的孩子想必已經寂寞得想哭了，何況在家裡等我的不只有孩子，孩子的母親也在等我回去。」一這兩首歌合在一起，可以讓人想像山上憶良家裡的溫馨場景。

山部赤人詠富士山的和歌不僅是《萬葉集》的代表作，更可以說是反映了日本人對於富士山所懷有的心情：

天地の　分かれし時ゆ
神さびて　高く貴き
駿河なる　ふじの高嶺を
天の原　ふりさけ見れば
渡る日の　影も隠らひ
照る月の　光も見えず
白雲も　い行き憚り
時じくぞ　雪は降りける

語りつぎ　言ひつぎ行かむ
ふじの高嶺は（三一七）
（高貴神秘的富士山，從天地初分之時以來，就一直位於駿河國內。仰望天空，太陽與月亮的光芒也被富士山所遮蓋，白雲的去路也為富士山所阻擋；富士山的高峰上，無時無刻沒有積雪覆蓋。將富士山的故事，一代接一代地流傳給後世吧。）

而此外還有另外一首，也是關於富士山的和歌：

田子の浦ゆ　うち出でて見れば　真白にぞ
ふじの高嶺に　雪はふりける（三一八）
（從田子灣出發，能看見富士山的高嶺之上，堆積著純白的雪花。）

後來這首詩被略加修改，收錄在了百人一首裡。

大伴家持

《萬葉集》中還有一個不得不注意的歌人，那就是大伴家持。《萬葉集》中收錄了許多家持的歌，有幾卷甚至可以說是大伴家持的私人歌集也不為過，也有很多人認為大伴家持就是《萬葉集》的編纂者。他曾經被任命為越中守，有過到越中國（現富山縣）赴任的經歷，因此留下了很多在越中所詠的和歌，其中最有名的那首「海行かば」想必大家都聽過，那麼關於大伴家持的話題就從這首「海行かば」開始。

「海行かば」這首歌是在聖武天皇治世時所作的，當時日本在陸奧國的小田郡（現宮城縣遠田郡）發現了黃金，陸奧守向朝廷進獻了九百兩黃金，而當時中央則正好在修建大佛，需要大量的黃金，天皇收到陸奧產金的報告後十分高興，於是下詔將年號由天平二十一年改為天平感寶元年，大伴家持則因為受到這一改元詔的感動，作了這首歌。因為這首歌非常長，在此我省略前半部分，只引用後半部分。

大伴の　遠つ神祖の
その名をば　大来目主と
負ひ持ちて　仕へし官
海行かば　水漬く屍
山行かば　草むす屍
大皇の　辺にこそ死なめ
顧みは　為じと言立て
丈夫の　清きその名を
古よ　今のをつつに
流さへる　祖の子等ぞ
大伴と　佐伯の氏は
人の祖の　立つる言立
人の子は　祖の名絶たず
大君に　奉仕ふものと

言ひ継げる　言の職ぞ
梓弓　手に取り持ちて
剣大刀　腰に取り佩き
朝守り　夕の守りよ
大王の　御門の守り
我をおきて　また人はあらじと
いや立て　思ひし増さる
大皇の　御言のさきの
聞けば貴み（四〇九四）

這首歌要傳達的意思是：「我們大伴氏的遠祖名為大來目主，他的職責就是領兵守衛皇室，從古至今我們大伴氏就是天皇家的守衛。當要我們去海邊時，我們就做好了死在海邊的準備；當要我們去山上時，我們就做好了死在山上的準備；無論去哪裡都好，我們隨時做好了為天皇而死的準備。這就是忠義勇烈的日本男兒的代表。而大伴氏的後人大伴氏與佐伯氏則繼承了先祖的精神，為了侍奉大君手持長弓，腰佩太刀，早晚為天皇守衛城門，一旦接到天皇的命令，隨時做好為天皇犧牲的準備。」這首歌中從「海行かば 水漬く屍」開始到「顧みは 為じ」為止的一段，在後世廣為流傳。

此外家持也寫過關於其家族的和歌：

ひさかたの　天の戸開き
高千穗の　岳に天降りし
皇祖の神　の御代より

這是這首和歌的開頭，接下來的部分詳述了大伴氏的歷史，敘述大伴氏從神代以來就常年手持弓矢，討伐違反敕命之人，勸降不願服從之人，誇示了大伴氏祖先的功績（這首和歌非常長，因此在此我省略一部分）。

子孫の　いやつぎつぎに
見る人の　語りつぎてて
聞く人の　かがみにせむを
惜しき　清きその名ぞ
おほろかに　心思ひて
虚言も　祖の名絶つな
大伴の　氏と名に負へる
丈夫の伴（四四六五）

在和歌的最後，大伴家持發出了這樣的感嘆：「大伴氏世世代代的精神與功績，將永遠成為人們的模範，大伴一族啊，切勿做出令祖先面目有損的行為。」

此外，還有這樣的和歌：

剣大刀　いよよ研ぐべし　古ゆ

清けく負ひて　來にしその名ぞ（四四六七）

「大伴家自古以來就以武勇為名，子孫們呀，為了不辱祖先的武名，你們千萬不要放鬆武道的修行。」這是多麼有男子漢氣魄的豪爽和歌啊。

還有這樣的和歌：

丈夫は　名をし立つべし　後の代に

聞き継ぐ人も　語り続くがね（四一六五）

「男子漢大丈夫應當以功名為重，讓他的大名直到後世都被後人稱頌，這才是男子漢該有的行為。」這也是一首豪放的和歌。

防人歌

最後，我想介紹幾首防人歌。

所謂的防人，是負責守衛邊境的士兵。唐朝的軍事勢力強大，連續收服了百濟與高句麗，新羅也被唐朝納入勢力之下，日本為了防衛國境，在對馬、壹岐島和九州北部海岸部署了防禦邊境的士兵，這就是防人。防人主要徵召東國的士兵擔任，接下來要介紹的就是防人的和歌。

時時の　花は咲けども　何すれぞ
母とふ花の　咲き出來ずけむ（四三二三）

這首是遠江國（現靜岡縣）出身的防人所作的和歌：「在我守衛國境的漫長歲月裡，見到了無數美麗的花，但是為什麼不見名為母親的花開放呢？」這首和歌反映了作者對母親的懷念之情。

父母も　花にもがもや　草枕
旅は行くとも　さきごて行かむ（四三二五）

這首也是遠江國出身的防人所作：「如果父母也像花一樣就好了，這樣的話出門遠行之時就可以將父母帶在身邊了。」這是多麼有趣的想法呀。

大君の　みことかしこみ　磯に觸り
海原渡る　父母を置きて（四三二八）

這位防人的出身地不明。「既然接到了大王的命令，那麼就要放下父母，冒著大浪出海遠行」，這首歌唱出了歌人悲壯的心情。

難波津に　裝ひ裝ひて　今日の日や
出でて罷らむ　見る母なしに（四三三〇）

這是鎌倉郡（現神奈川縣）出身的防人的作品：「我在大阪灣做好了所有的準備，今天終於到了要出航的時候，但是母親在遙遠的故鄉，沒法見證我的遠行。」作者感嘆見不到母親的寂寞。

真木柱　ほめて造れる　殿の如
いませ母刀自　面変りせず（四三四二）

「受到祝福的建築，無論時間如何流逝都不會老化，媽媽喲，即使年齡逐漸變老，也希望您的容貌不要發生變化，在這期間內我一定會回來的。」這是一首表現了作者對母親的深愛，以及祈望母親健康長壽的和歌。

今日よりは　かへりみなくて　大君の
醜の御楯と　出で立つ吾は（四三七三）

「從今天開始，我將忘記一切，成為一心一意守衛大王國家的好士兵。」這是一首表現了作者決心的和歌。

在此我想到的是，天平四年，朝廷任命藤原宇合為西海道節度使，命令他前往西海道整頓秩序時，高橋虫麻呂所作的送別和歌：

千万の　軍なりとも　言挙せず
取りて來ぬべき　男とぞ念ふ（九七二）

「我相信你是一位英勇無雙的將軍，即使面臨千軍萬馬，也能夠毫無怨言地將其擊退。」高橋虫麻呂在和歌中表達了他對藤原宇合的尊敬與信賴之情，以及對將要遠行的他的激勵。

由此可見，《萬葉集》中充滿了溫情與美好，以及不怕任何困難的勇氣。尊敬大王，思念父母，懷念過去，同時又充滿了進取心，一個國家、一個民族興盛之時，其人民就應該是這個樣子的；而只顧個人的安樂，完全不為國家考慮，發出哀聲卻不以此為恥，這是國家衰亡的前兆。

◎ 大佛

和銅開珍

奈良朝發生了眾多令人注目的事情，其中之一是銅與金的發現。在此之前，天智天皇治世時開始，就連續有幾次發現礦物資源的報告，例如天智天皇七年（六六八）越國[24]進獻了「燃土」與「燃水」，這「燃土」想必就是煤，而「燃水」想必就是石油。數年後的天武天皇三年，對馬國發現了銀礦，於是向中央獻上貢物，這也是日本首次發現銀礦的記錄。到了文武天皇二年，再次迎來一波發現礦物資源的浪潮，因幡國（現鳥取縣）和周防國（現山口縣）發現了銅礦，伊勢國（現三重縣）、常陸國（現茨城縣）、備前國（現岡山縣）、伊予國（現愛媛縣）、日向國（現宮崎縣）發現了朱砂，除此之外，各地還發現其他各式各樣的礦物，在此不詳細列舉。這說明隨著當時採礦冶金技術的進步，人們對礦物開採也更加用心。在此一技術不斷進步的同時，元明天皇即位不到半年之內，武藏國秩父郡（現埼玉縣）就報告發現了自然的和銅。朝廷對這件事情感到非常開心，認為這是天神地祇的保佑，為此將年號由慶雲五年改為和銅元年，還特地下達赦免罪人的命令。之後朝廷很快展開銅錢的鑄造，當年八月銅錢便開始流通。這次的銅錢上寫有「和銅開珍」四字，非常有名。

元明天皇即位後馬上就發現了和銅，而下一任元正天皇在治世之初，巡幸美濃國（現岐阜縣），造訪著名的養老泉，喝下這裡的泉水，又用這裡的泉水沐浴，其疾病被治好了，白髮重新變為黑色，視力也恢復正常，因此將年號由靈龜三年改為養老元年。後世有這樣一個口述傳說：在這個地方有一位貧窮的男性，每天上山砍柴供養老父。有一天父親非常想喝酒，這個男人就帶上瓢簞，打算去買酒以慰老父，途中一不小心在山路上滑倒，這時突然聞到了酒香，覺得很不可

24　現在的新潟縣。——編者註

思議。於是，他四下查看，發現岩石中有泉水流出，水的顏色像酒一樣。他汲取泉水一嘗，發現是罕見的美酒，非常高興，於是每天來此汲取酒水獻給父親。這個傳說傳到了京內，元正天皇專程行幸此地，感歎自然的奇妙而將年號改為養老。

接下來聖武天皇的治世末期，陸奧國發現了黃金，朝廷上下都非常高興，因此將年號改為天平感寶，如前文所述，大伴家持也特地作歌慶祝這件事。而朝廷之所以會這麼高興，就是因為當時正在建造大佛需要大量的黃金，接下來這一節我們將以大佛為中心展開敘述。

奈良大佛

聖武天皇於天平十三年下詔在各國興建兩所寺院：其一名為金光明四天王護國寺，在寺裡安置二十名僧侶；另一所則命名為法華滅罪寺，在寺裡安置十名尼姑。因為每國都要建造這些寺院，因此前者又名為國分寺，後者又名為國分尼寺，基本都建在國司所在的國府周邊的高地上，坐北朝南，金堂、講堂、七重塔、藏經閣、鐘樓、中門、南大門等構件一應俱全，國分寺普遍比國分尼寺更大一點。這些國分寺內最大的是武藏國（現東京都）國分寺的金堂，橫有一二一尺，縱達五十八尺（三十六・六公尺×十七・五公尺）。像這樣雄偉壯觀的建築，在全國各地幾乎同時修建完成，全國人民一定會因其壯麗而驚訝得合不攏嘴。

各國國分寺的中心，是位於帝都奈良的金光明四天王護國寺，也就是現在的東大寺。各國國分寺以釋迦為本尊，而奈良東大寺則安置了盧舍那佛，這就是現在的奈良大佛。各國國分寺的釋迦佛高一丈六尺，也就是四・八公尺有餘，奈良東大寺的盧舍那佛則高約五丈，也就是約十五公尺，比各國的佛像大三倍以上。到過安置著大佛的東大寺大佛殿、仰望過大佛的人，一定都對高大的大佛感到驚訝吧。

所謂的盧舍那佛，是《華嚴經》主要塑造的佛，「盧舍那」具太陽與光明之意，盧舍那佛則是這一光明能夠照射到世上每個角落的象徵。世間的人與事都是有關聯、相互影響的，既沒有任何東西是孤立的，也沒有任何東西是與其他事物絕緣的，因此所有的東西都能夠串連為一體，而任何個體也都能與所有其他個體相連結。一即是萬物，萬物即是一，萬物皆在一物上留影，而一物也能給萬物提供光明，因此在一事、一物、一心之中，皆蘊藏著無限的真理，這就是《華嚴經》的教義。如果明白了《華嚴經》的信仰，就知道《古事記》和《日本書紀》的神代卷並非不可思議和脫離現實，而是將艱深的哲學思想用簡單明瞭的故事表達出來的產物。因為《華嚴經》的教義與日本的國家思想一致，可以作為日本國家思想的旁證，因此聖武天皇非常高興地接受了這部經典，於諸國修建國分寺與國分尼寺時，在作為國分寺核心的東大寺安置了盧舍那佛，意味著日本全國各地的每一個人都不是孤立的，而是相互聯繫在一起的。位於萬民中心的則是天皇，天皇能感受到萬民之心，天皇的光輝也能普照到每一位國民身上，東大寺與奈良大佛就象徵著這一深刻而又高貴的國家原理。

大佛殿後來幾度遭逢災害被毀，但是每次被毀之後很快被重建起來，一直保存到了現在，大家想必都在戶外教學時參觀過吧。諸國的國分寺與國分尼寺基本都被毀了，但是有些地方的國分寺的基石還在，有些地方的地名受到國分寺的影響，大家可以分別調查自己的故鄉、尋找國分寺的遺址，相信這會是一件很有趣的事情。尋找國分寺最重要的線索是國分寺一定位於國府的周邊。國府是國司所在之處，換言之相當於現在的縣政府辦公室所在地，這些地方在後世往往被稱為府中或是國府，例如武藏有府中市，因幡（現鳥取縣）、石見（現島根縣）、阿波（德島縣）等地則有國府町，這些都因為是國府所在地而得名；此外也有與國名合為一體的地方，例如靜岡市當年就被稱為駿府，因為當地曾經是駿河國國府所在地。國分寺與國分尼寺應該就修建在這些國府的周邊不遠處，在國府周邊尋找合適的平地，應該就能找到國分寺與國分尼寺的遺跡。雖然這些建筑後來消失不見了，但是多數留下了國分寺這樣的地名，而從這一地名來看，可以知道國分寺修建的範圍遠達西南的大隅國、薩摩國，壹岐島、對馬島，以及東北的陸奧國（現宮城縣）與出羽國（現山形縣）。這一方面說明了文化的普及程度，另一方面則說明了日本國的統一。以奈良大佛為中心，通過國分寺與國分尼寺，全國各地緊密團結在一起、永不分離，這是一件多麼值得感動的事情啊。

此外，聖武天皇修建東大寺，為日本留下的另一項資產就是保存在正倉院的御寶物。所謂正倉，即主要的倉庫，而院是用牆壁將建築圍起來與外界相隔離的部分，當時的其他寺院與官府也都擁有正倉院，只是其他地方的正倉院都消失不見了，因此現在一提正倉院，指的就是東大寺的正倉院。東大寺也曾經遭遇過多次災難，尤其是平重衡燒討南都之際，大佛殿全被燒毀，正倉院卻奇跡般地沒受到半點損傷。此一建築是有名的「校倉造」結構，有絕佳的濕度調節效果。正倉院的正面南北長三十三公尺，側面長九公尺，高十三公尺，距離地面有二・四公尺，因此能夠完美隔離土地的濕氣。而倉中則分為三部分，中央為板倉，左右為校倉，牆壁是用三角形的木材按照井字形組合而成，這一結構使得木材可以隨著濕度變化伸縮，乾燥時利於通風，潮濕時則能將濕氣拒於倉外，因此收藏在倉內的物品能夠不受外界氣溫變化的影響被保存下來。一千二百年前的寶物在這漫長的歲月裡一直收藏於正倉院內，保存至今，這簡直就像做夢一樣吧。這樣的事情在外國是完全沒有過的。

正倉院現在脫離了東大寺，改由宮內廳管理。正倉院的寶物中，以聖武天皇過世時，光明皇后為了祈禱天皇的冥福而奉給大佛的寶物為首，共有近九千件寶物，其中包括屏風、鏡子、毛筆、硯臺、盤子、小缽、帽子、梳子、琵琶、尺八、刀劍、弓矢、繪畫、織物等。由正倉院寶物可以得知當時日本文化究竟有多麼先進，也可以知道文化層面上的世界性交流之活躍。

◎和氣清麻呂

行基

奈良時代的佛教十分興盛，以宗派而論，有俱舍宗、成實宗、律宗、法相宗、三論宗、華嚴宗六宗，被稱為南都六宗。而到平安時代初期，又增加了天台宗與真言宗，變成八宗。至於寺院，東大寺毫無疑問是最大的，此外還有西大寺、大安寺、元興寺、藥師寺、法隆寺、興福寺等大寺。

僧侶中的著名人士有行基、良弁、鑒真等人，首先就從行基開始說起吧。僧侶的本職是誦經與侍奉佛祖，這一點不需要我多加解釋，例如法相宗與華嚴宗就會特別專注於誦讀《華嚴經》，三論宗則會以《中論》《百論》與《十二門論》作為學習的重點。僧侶之中也有人不滿足於研究艱深的學問，而以幫助世人為己任，幫助民眾的生活並使大眾身心都得到解脫。孝德天皇朝時就有一位這樣的僧侶，他名叫道登，大化元年時曾有十名優秀的僧侶被選為十師，道登能夠成為其中之一，說明他已經是相當優秀的僧侶了。他在大化二年（六四六）修建了宇治橋。在此之前，宇治川上沒有一座橋，無數人因為渡河失敗而溺水，道登對此感傷不已，因此發願造橋，造福宇治川周邊的往返行人。而記錄道登造橋的功績的石碑，現在還留在距離宇治橋不遠的地方。畢竟距離現在已經有一千三百二十餘年了，石碑保存得並不完整，但是前人尊貴的品格由此可見一斑。據《續日本紀》中的記載，修建宇治橋的人並非道登而是道昭，但是道昭在大化二年時年僅十八歲，恐怕當時只是作為道登的弟子隨侍於其身邊，後來繼承了師父的遺志，以服務世人為目的，在道旁開掘水井，以令行人有水可以喝，在河川上的便利之處造橋或是整備渡口、準備船隻。道昭在文武天皇四年（七〇〇）以七十二歲的高齡辭世，繼承他的遺志、繼續擴大民間活動的僧侶就是行基。這個人在民間的影響力非常大，因此朝廷一度以為他是危險人物，後來因為了解其為人，在建造大佛時為了獲得民眾的支援而尋求他的幫助，天平十七年更賜予他大僧正之位，這是僧職中的最高位。行基於天平勝寶元年時以八十歲的高齡辭世，他一生中修建的東西包括六座橋、十五個水池、七個水溝、兩處碼頭，以及其他各式各樣的建築。世間的百姓為了稱讚他的功德，將他尊稱為行基菩薩。菩薩指的是離成佛很近的人。

接下來要說的是良弁，他的名字不讀為「リョウベン」（lyouben）而讀作「ロウベン」（rouben）。他極受聖武天皇的信任，當聖武天皇決定修建東大寺、以大佛為中心在精神上將國民統合在一起的時候，他最主要的協助者就是良弁。後來良弁也升任僧正，成為東大寺的長官。此外，關於這個人還有一件有趣的故事。良弁出生於近江（現滋賀縣），在他只有兩歲的時候，母親帶著他一起下田地勞動，將良弁放在樹蔭下，自己去採桑葉。結果當時有一隻大鷲從空中飛下，叼起良弁就飛走了，母親流著眼淚，急匆匆地沿著大鷲飛去的方向尋找孩子，卻怎麼都找不到。當時有一位名僧叫作義淵僧正，他某一天去參拜春日神社時，看到一隻鷲叼著小孩，急忙趕去一看，鷲就丟下孩子逃走了，於是他就將這個孩子帶回寺裡加以教育，這個孩子就是良弁。再說回母親那一邊，母親三十多年來尋找孩子卻毫無結果，終於心灰意冷決定放棄，在她坐船準備由澱川回家的時候，聽到同船的人在談論這樣的傳聞：「這件事情也真是稀奇，東大寺的良弁是位優秀的和尚，聽說他小時候被一隻鷲叼走，後來是義淵僧正將他接回來養大成人的。」聽到這個消息的母親欣喜若狂，急忙趕去奈良，母子時隔三十多年後終於重聚。

鑒真

接下來要說的是鑒真，這位鑒真大和尚是中國人，是當地極受重視的高僧，據說經他授戒的和尚有四萬人之多。唐玄宗天寶元年（日本天平十四年）時，日本有兩位前往中國求法的和尚，名為榮睿與普照，他們兩人被鑒真所感動，拜託他「來到日本之地弘揚佛法」。但是當時鑒真已經五十五歲高齡了，要離開本土也不是一件容易的事情，於是鑒真就詢問自己的弟子們：「你們之中有誰願意代替我前往日本弘揚佛法嗎？」但是畢竟當時航海技術還不發達，要渡海前往日本真的是一件甘冒生命危險的大事，因此弟子們誰也沒敢出聲。見到這個情況，鑒真就說「好吧，那就由我親自去吧」，於是馬上開始出海的準備。第一次出航的時間是天寶二年六月，因為弟子內部產生了糾紛，一度鬧到官府，所以出航無疾而終；當年年末，鑒真帶著大批弟子與工作者出海，結果遇上了暴風，沒能到達日本；第三次渡海受阻於暴風；第四次則因為弟子的法律糾紛沒能成功；第五次出海也遇上了風浪，差點就沉船於海上、無法回到中國。邀請鑒真來日的兩人中，榮睿在這期間過世，另外的普照也一時間失去了希望，而鑒真卻百折不撓、無論如何都要試圖渡海前往日本。就在這時，鑒真一行人碰巧遇到遣唐使的大使藤原清河與副使大伴古麻呂，當時兩人正好完成了遣唐使的使命準備回國，得知這一狀況後親切地邀請鑒真一行人同行：「請乘我們的船一起回日本吧。」於是鑒真一行乘上了大伴古麻呂的船，安全無事地抵達了薩摩國（現鹿兒島縣），當時是天平勝寶五年（七五三）十二月二十日，鑒真時年六十六歲，此前的五次失敗整整耗費了他十年的時光。然而不幸中的大幸是鑒真乘坐的是大伴古麻呂的船，當時如果他和阿倍仲麻呂一樣乘坐大使藤原清河的船隻，則將一路漂流到南面的安南（現越南），那麼鑒真這次也就會像清河與仲麻呂一樣無法到達日本，最終恐怕再也沒有造訪日本的機會了。大伴古麻呂能夠平安回到日本固然是一件幸運的事情，他本人同時也是一位非常豪爽又有男子氣概的人物，以下是他的一段軼事。他在唐朝的時候，有一次參加唐朝的朝廷儀式，諸國的使節都聚集在一起，當時諸國使節分坐左右兩側，東側的第一席上坐的是新羅使臣，第二席上坐的是大食國（阿拉伯）使臣，而西側的第一席上坐的是吐蕃（西藏）使臣，日本使臣則坐在西側的第二席上。大伴古麻呂對這一安排表示不滿：「自古至今，新羅之朝貢大日本國久矣，而今列東畔上，我反在其下，義不合得。」唐朝意識到古麻呂不肯動搖，於是就將日本國使的席位改到了東面第一席，而將新羅國使的席位改到西面第二席。

將話題轉回鑒真。鑒真來到日本時已經六十六、七歲，不幸的是這時他的眼睛壞了，幾乎看不見東西；但是他的記憶力仍然精準，據說在東大寺印刷經文時，他能夠背誦經文全文以校對內容。尤其是他高尚的人格，感動了所有與他相接觸的人，因此在天平寶字二年八月，天皇下詔賜予他「大和上」的稱號，並制定「政事躁煩，不敢勞老，宜停僧綱之任，集諸寺僧尼，欲學戒律者，皆屬令習」的方針，不拿煩瑣的政務勞煩他，讓他擔任精神指導者，而他的住所就定在了唐招提寺。鑑真於天平寶字七年（七六三）五月六日離世，享年七十六歲。

所謂的「大和上」，只是「道德高尚值得尊敬的大師」之意，並沒有力量強大的職權，在法律與制度上也未被賦予約束其他人的權力。儘管如此，人們卻尊重鑑真的人格與道德，聚集在他的周圍，接受他的教化。鑑真以盲人的身份，只聽別人朗讀經文就能夠指正經文中的錯誤，這讓人聯想起後世的塙保己一。一千年後的歌人松尾芭蕉為懷念鑑真而詠嘆：

若葉して　御目のしづく　拭はばや

該俳句的意思是「假如我找到了好用的眼藥，希望能夠治好鑑真大和上的眼睛」。

鑒真大和上是一名外國人，同時還是一位盲人，儘管如此，他卻在精神上教化了眾人。行基和尚架橋鋪路，以肉眼可見的方式實實在在地幫助人們的生活，世人的欣喜不難想像。當行人在路上感到口渴時，在道旁能找到行基開掘的水井；當乾旱一直持續，田裡的作物即將枯死之際，人們可以從行基開挖的水渠中引水灌溉。剛才我也列舉了行基的若干件事蹟，除此之外，行基的社會活動之中值得一提的還有他興建的佈施屋。所謂的佈施屋，是讓窮人也能免費使用的住所，行基就是因為進行了這麼多為眾人考慮的社會活動，因此人們尊稱他為行基菩薩，將他視為僅次於佛的道德高尚之人，也就一點都不奇怪了。

道鏡

如果世上所有的和尚，都像被尊為大和上的鑒真和尚或是被尊為菩薩的行基和尚一樣品德高尚的話就好了，但是事實並非如此，和尚中也有惡人，其中最著名的就是弓削家的道鏡。他最初的風評也很好，因此得到了女帝孝謙天皇的信任。孝謙天皇是接受聖武天皇讓位而即位的，在她之後的淳仁天皇治世時，朝廷不幸陷入內亂，結果孝謙天皇重祚登基，被稱為稱德天皇。這時道鏡先是被任命為大臣禪師，後來又被任命為太政大臣禪師，這都是大寶令中沒有規定的不可思議的官位。這個官位一方面使他在政治上居於一人之下萬人之上，另一方面也使他佔據了佛教界的最高地位。不止如此，第二年他又被授予了法王的地位，而且其下設有法王宮職，法王宮職的長官、次官等相繼得到任命，法王廳成為一個完整的機構。到了神護景雲三年的正月，道鏡甚至開始接受以大臣為首的朝廷重臣的朝賀。當時的左大臣是藤原永手，右大臣則是吉備真備，這些大臣豪族都被迫低頭向他致以新年的祝賀。至此，人們紛紛懷疑道鏡是否在不久之後就要篡奪天皇之位，於是有人提早做好了準備來討好道鏡。這個人就是在九州太宰府負責神祇祭祀的習宜阿曾麻呂，他報告說得到了八幡神的神托：「令道鏡即皇位，天下太平。」天皇雖然信任道鏡卻也不得不開始對他心生懷疑，於是派遣另一位受到信任的名為法均的尼姑前往九州，確認所謂的八幡神托是否屬實。因為以女性之身遠赴九州多有不便，最終由她的弟弟和氣清麻呂代替她前去。清麻呂當時的官職是近衛將監，將監在長官、次官、判官、主典的四等官制之中屬於第三等的判官，也就是說他當時的官職相當於現在的近衛步兵中尉到大尉之間。回推他當時的年齡，因為他在延曆十八年以六十七歲離世，以此推算在神護景雲三年時應當是三十七歲。清麻呂奉敕代替姐姐前往九州，可以說這時整個日本國的國運，就壓在三十七歲的近衛將監和氣清麻呂的雙肩上。清麻呂前往宇佐（現大分縣），到八幡神的神前俯首禮拜，詢問八幡大神的心意。八幡神突然出現，說道：

我國家開闢以來，君臣定矣，以臣為君，未之有也，天之日嗣必立皇緒。無道之人，宜早掃除。

清麻呂回到奈良，將聽到的八幡神話語如實上奏，於是弓削道鏡大怒，將清麻呂流放到因幡國（現鳥取縣），後來又追加處罰，將清麻呂流放到大隅國（現鹿兒島縣），並將其姐法均流放至備後國（現廣島縣）。

姐姐法均的原名為廣虫，和弟弟清麻呂一樣早年就開始侍奉孝謙天皇，得到天皇的信任，而當天皇決定出家之時，也與天皇一起出家為尼，並將名字改為法均。天平寶字八年時發生了一場名為惠美押勝之亂的叛亂，當時有三百七十五人被判處死刑，法均苦諫之下，天皇終於免除了這些人的死罪，改處流放或禁錮之刑。在這次的叛亂之後，百姓苦於饑餓與疾病，有許多孩子都被遺棄了，法均將這些被丟在樹叢中的孩子撿回來，當作自己的孩子一樣撫養，據說她撿回來的孩子多達八十三人。就因為她是一位品德如此高尚的人，天皇才會將諮詢八幡神神意的重任委託給她。然而畢竟她以女性之身前往九州並不容易，於是將這一任務委託給自己的弟弟；而能夠受到姐姐的信任，代為執行如此重要的任務，清麻呂的人格之高尚也就可以想像了。在他出發前往宇佐之前，道鏡許他以大臣之位，讓他做出有利於自己的答覆，清麻呂拒絕了道鏡的誘惑與要脅，將神旨原原本本地報告給天皇，說出「我國家開闢以來，君臣定矣……無道之人，宜早掃除」這樣的話來，不得不說需要非常大的勇氣。道鏡為此非常生氣，試圖在清麻呂前往流放地的途中殺死他，萬幸最後沒有成功。

清麻呂被流放到大隅國的次年八月，稱德天皇駕崩，光仁天皇即位。光仁天皇是天智天皇之孫、施基皇子之子。這時朝廷的重臣們積極活動，阻止了道鏡篡位的企圖，其中建立了大功的是坂上苅田麻呂，他得知道鏡的陰謀並將一切詳細報告給朝廷。稱德天皇駕崩十七日後，道鏡被流放至下野國（現栃木縣）的藥師寺，習宜阿曾麻呂也被流放到多禰島。道鏡被流放後的第二天，道鏡的弟弟弓削淨人與他的三個兒子也被流放到土佐國（現高知縣），弓削淨人被流放之前兼任以大納言為首的若干個顯官要職，由此可見道鏡當時勢力之大。第三天，探知並報告道鏡陰謀的坂上苅田麻呂被授予正四位下的位階，又過了十三天，朝廷將和氣清麻呂與姐姐法均從各自的流放地召回。

此前無論是清寧天皇駕崩之際也好，武烈天皇駕崩的時候也罷，雖然當時皇室因為沒有皇子繼承而面臨存亡危機，但是並未出現過試圖擾亂國體之徒。而之後不幸出現了像蘇我氏和道鏡這樣不明白君臣之分的惡徒，這些人之所以會這樣，都是因為受到皇室信任、妄自膨脹，以至於弄不清自己的身份最終招致滅亡。平定蘇我氏之亂的人是天智天皇，而這一次平定道鏡之亂的則是天智天皇之孫光仁天皇。

光仁天皇在解決道鏡的問題之後，為了整治多年來道鏡把持政權造成的惡果，採取了更嚴格的法律，厲行儉約，規定僧侶必須進入山林修行。同時在光仁天皇的治世期間，奧羽地區的政局混亂，出現了帶頭作亂之人，因此光仁天皇任命征東大使，試圖解決東北地區的問題，而在此期間，光仁天皇病重，於是將皇位讓予皇太子，這就是桓武天皇。

◎坂上田村麻呂

和氣清麻呂的精神

光仁天皇的讓位詔書中寫道：

古人都說知子莫若父，皇太子幼年以來常年侍奉於朕，孝行無缺，而仁孝為百行之基，皇太子必能施善政、撫育國民。[25]

25 光仁天皇的詔書原文乃宣命體，中文根據作者的引用以現代口語譯成。另外，作者的理解與原文文意有出入。——譯者註

桓武天皇也正像光仁天皇所期待的一樣，繼承了他的遺志，將一度鬆弛的國家綱紀重新整頓起來。

桓武天皇意識到，繼續定都於平城京對於革除多年來的弊政、重振人心並沒有好處，於是計畫遷都。最初他將首都遷到了長岡京（現京都府乙訓郡），然而出於種種原因沒有定都於此，數年後又一次選定了現在的京都之地，於延曆十三年（七九四）將首都遷到這裡，這裡被稱為平安京。當長岡京的修建陷入困境，歷時十年尚未落成而平白消耗無數經費之際，建議放棄長岡京而將首都定於現今京都之地的人，就是和氣清麻呂。平安京比平城京更廣闊，左面隔著賀茂川與東山相連，右面則隔著桂川與西山相望，其東北方是巍然聳立的比叡山，是山河秀麗之地。桓武天皇定都於此以來，其間固然有過遷都福原等計畫，但是直到明治天皇治世為止，在一千零七十四年的漫長時間裡，京都都是天皇所居之處，即便是鎌倉與江戶幕府武力興盛之時，京都也是統合全日本國民的中心，是全日本人民的心之故鄉，常年來一直受到人們尊敬與喜愛。

桓武天皇從父親處還繼承了一眾優秀的臣子，例如和氣清麻呂與他的姐姐。

前文既述，姐姐廣虫侍奉孝謙天皇，當天皇出家時，她也出家為尼、陪伴天皇，並改名為法均，道鏡被流放後，她被朝廷召回中央，還俗並改回了本名、擔任女官，被賜正四位上的高位。正四位上相當於參議與八省長官了，單從這一點就能夠看出來桓武天皇有多信任她[26]。她與弟弟清麻呂的關係很好，終其一生都沒有分過家產，兩人甚至約定死也要死在一起，廣虫在延曆十八年正月二十日以七十歲高齡離世後一個月，弟弟清麻呂也過世了，享年六十七歲。清麻呂的老家在美作、備前兩國（現岡山縣），當他被道鏡流放到大隅國時，有人將他祖先四代墳墓前鬱鬱蒼蒼的樹木全都砍倒，清麻呂被召回後發現這件事情，非常傷心，將這件事情稟報朝廷。朝廷得知立刻下詔將和氣氏的先祖四代與清麻呂一起任命為美作、備前兩國的國造，保證他們的名譽與權利。清麻呂在擔任攝津國（現大阪府）的地方官時，試圖開通運河，使河內的水流與海水相連，以求解除水災。前文也提到天皇接受他的建議將京都之地選為首都一事，而當正式遷都之時，他被

26 作者在此列舉的史實有誤。——譯者註

任命為造宮大夫，也就是宮殿建設委員會委員長的職務。清麻呂一方面是一位熟悉政務的實務官僚，另一方面對學問也有很深的研究，曾經撰寫了名為《民部省例》的著作，共二十卷。

此外清麻呂還有很好的子孫。他的長男和氣廣世當時被任命為式部少輔，在父親去世的那一年年末，他向朝廷請願：

亡考清麻呂平生常言，身食厚祿，無益於公。兼忝國造，無德於民。懷抱戀戀，願念故鄉，憐彼窮民，不能忘焉。願以私墾田一百町（中略），班田口分，彼鄉分田量換，仍以其地子，季夏之月，賑給饑人，以救民命，以報國恩。

桓武天皇接受了他的請求。

廣世後來擔任了大學的別當（長官），致力於振興學問，將自己位於大學寮南面的私宅獻出，設置了弘文院，準備了大量的藏書以及獎學費用，鼓勵一族子弟用心學習。

廣世的弟弟和氣真綱也是一位忠孝之人，而且性格剛直、不畏權勢，不會因為強權者的脅迫而枉法。而且這一家人對神佛的信仰深厚，宗教情操高尚。據《續日本後紀》記載，「天台、真言兩宗建立者，真綱及其兄但馬守廣世兩人之力也」，而高雄的神護寺也是真綱所建。最初，和氣清麻呂得到了桓武天皇的許可，奉宇佐的神敕，在河內建立神願寺，祈禱神祇保護日本國直到永遠。而後來河內守真綱視察後發現，神願寺的地理位置不佳，萬幸的是在京都北方的高雄之處，有一所名為高雄寺的寺院。真綱申請將神願寺與高雄寺的位置交換，因此在高雄建立了神護國祚真言寺，略稱神護寺，一方面祈禱皇統永久無極，繁榮昌盛，另一方面也祈願日本國能夠免於外國入侵與風雨災害，國民能夠生活安樂。神護寺內有祭祀清麻呂的佛堂，在千年之後孝明天皇賜予它護王大明神的神號，它在明治時期被轉移至京都市內，成為現在的護王神社。

真綱的孫子裡有一位名為時雨的人，這個人精於醫學，在村上天皇的天曆年間，擔任典藥頭（典藥寮的長官），他的子孫後代也代代以醫學為主業侍奉朝廷。承久三年後鳥羽上皇被流放隱岐時，不離開病痛纏身的上皇身邊、謹慎侍奉上皇的人，就是和氣氏的後人和氣長成。也就是說，先祖清麻呂的精神在幾百年後同樣完美地被子孫們繼承了下來。

坂上田村麻呂

侍奉桓武天皇建立功業的眾多人物之中，我以文人方面最值得注意的和氣清麻呂為例進行了論述，接下來在武臣方面要舉出一位代表性的將軍，這個人就是坂上田村麻呂。他是坂上苅田麻呂之子，坂上苅田麻呂則是因為探知道鏡的秘密並報告給朝廷、防範道鏡的叛亂於未然之人，因此功績被授予了正四位下的位階。追溯這一家的源流，他們是東漢靈帝的後代，在阿知使主的那一代歸化日本[27]，這是應神天皇時期的事情。他們家代代精通武藝，尤其擅長弓術，因此被任命為陸奧鎮守將軍。日本很早就開始熱心從事東北地區的開發，天智天皇時期的阿倍比羅夫勇敢遠征，一路推進到北海道，更渡海進入了沿海州地區[28]，由此可知日本對於日本海沿岸地區的控制相當順利，而與此相對，太平洋沿岸地區的平定則有很多困難。當時的安全線約莫是以東面的仙台和西面的秋田相連的一條線，這條線在地圖上是一條東面低、西面高的斜線，當時這條線以內的範圍大致是安全的，由此往北的地方則很危險。奈良時代有一位名為大野東人的豪傑，平定了東北的叛亂，修建了多賀城，以此為根據地治理東北。多賀城位於現在仙台市的東北、鹽釜市附近，規模非常宏大。雖然東人與苅田麻呂竭盡心力治理東北，但是東北仍不時發生叛亂，出現多起朝廷重要官員被殺的事件。於是桓武天皇起用了坂上苅田麻呂之子坂上田村麻呂，令他領兵征伐叛賊。田村麻呂身高五尺八寸（約一．七公尺），胸厚一尺二寸（〇．三六公尺），體重重時有二〇一斤，輕時只有六十四斤，根據需要可以自由變化。他一旦生氣，怒目而視時能夠嚇死猛獸；若面帶笑容，則嬰兒也能馬上被他逗得開懷大笑[29]。桓武天皇以他為

27 史實錯誤，這一系歸化人來源於朝鮮半島。——譯者註

28 史實錯誤。——譯者註

29 出自田邑麻呂傳記。——譯者註

征夷大將軍，將鎮撫東北的重任交給他。他於延曆二十一年在比多賀城更北的地方興建了膽澤城，也就是說由於大野東人的努力，日本將宮城縣中部地區附近納入勢力範圍，而這次則因為田村麻呂的努力，日本平定了岩手縣南部、一之關以北的地區。多賀城與膽澤城之間的距離，大致有一百一十多公里。

田村麻呂在嵯峨天皇弘仁二年去世，享年五十四歲，朝廷追贈他從二位的位階，並賜予他位於山城國（京都府）宇治郡栗棲村的三町土地用於修建墳墓，同時特賜敕命，讓他全副武裝，身著甲冑，帶刀持弓，以立姿面向御所方向下葬。也就是說，這位將軍在死後也被賦予了守護國家的重任。據說在此之後，每當國家面臨非常之事時，這個將軍塚一定會發出聲響。此後被任命為將軍、領兵出征的人，出發前都一定會前來參拜將軍塚並進行祈禱。

文有和氣清麻呂，武則有坂上田村麻呂，率領著這一群忠臣，桓武天皇將首都遷到京都，將其命名為平安京，重新整頓此前一度動搖的綱紀，由此展開一段清廉和平的時代。平安京，也就是京都，在定都以來的一千餘年一直作為日本的首都。其後，即使明治天皇將東京定為首都，也並未廢止京都作為首都的機能，而只是將東京與京都共同定為首都，因此明治時代的人們將京都稱為西京。如此這般，首都在千餘年間都沒有變動過的事情，在世界史上也是沒有先例的。

◎最澄與空海

最澄

桓武天皇為了一掃積弊、開創一個體制健全、風氣良好的新時代而努力，其間他獲得了很多好幫手，其中文有和氣清麻呂，武有坂上田村麻呂，此前我已經給各位介紹過這兩人，除此之外還有其他許多優秀人物，接下來我要談的是宗教方面的兩位著名人物，也就是傳教大師最澄和弘法大師空海的事蹟。

以上四人都是活躍於延曆年間的人物，但是四人的年齡頗有差距。最年輕的是空海，最年長的則是和氣清麻呂，以延曆元年為例，他們的歲數如下：

和氣清麻呂　五十歲

坂上田村麻呂 二十五歲
最澄 十六歲
空海 九歲

可以說，前兩人是活躍於延曆朝的人物，而後兩人則是成長於延曆朝的人。

最澄與空海算得上是在佛教界做出最偉大的功績、佔據最高地位之人，前者將天台宗引入日本，後者則開創真言宗，日本佛教因為這兩人的活動迎來了全新的發展。先從最澄開始說起，他出生於近江國（現滋賀縣），其先祖據說是東漢獻帝的子孫，東漢滅亡後藏身於民間，於應神天皇朝時歸化日本[30]，因此他與坂上田村麻呂可謂同一系統、經歷了同樣命運的家庭出身。他的父親性格沉穩，博學多識，受到村人的尊敬。最澄在七歲時早早立志要獻身佛教，在十二歲時出家

30 史實錯誤。——譯者註

為僧，延曆四年十九歲時初次登上比叡山，在遠離塵世的地方結庵修行。奈良時代的佛教文化主要盛行於都市內，像役行者在葛木山與金峰山修行或是像泰澄在白山修行一樣，選擇在山林內修行的人反而是少數。光仁天皇即位後，立刻改變了這一風俗，鼓勵山林修行，這一點前文也曾提過。於是最澄以比叡山為道場開始了修行，當他在山上研究《起信論》與《華嚴經》等經論時，發現這些書非常尊重天台法文，於是產生了想要看看原文的想法，但是當時無法獲得這些經書，因此時常憂傷得流下眼淚。有一次他前往奈良，碰巧遇到有人能夠借給他這些書，因此最澄非常高興地將《圓頓止觀》《法華玄義》等經書都抄錄下來，這些經書都是鑒真大和上從唐朝帶來的，早在天平勝寶六年起就一直位於日本國內，卻遲遲沒有人去閱讀，持續沉睡在書櫃中長達三十年。而將這些乏人問津的書借出來，心懷感激地拜讀並因此領會天台宗精深教義的人就是最澄。古語有云：「人能弘道，非道弘人。」也就是說，一個優秀人物的出現，能夠導致文化的大發展、歷史的大轉折與大進步，最澄就是最好的例子。

之後最澄與他的弟子們一起抄寫了《一切經》及其注釋書，邊抄邊讀，邊讀邊抄，日以繼夜地拼命學習。當時以奈良大安寺為首的各大寺院都為他提供了財政上的援助，鑒真大和上的弟子道忠也為他抄寫了兩千多卷經書，鑒真對日本佛教界所做出的巨大貢獻就這樣影響到了最澄。

漸漸地，比叡山上的最澄學問精深、道德高尚這件事情在社會上越傳越廣，到了延曆二十一年正月，和氣氏的廣世與真綱兩兄弟將最澄迎至高雄的神護寺，請他講述天台宗的本義。人們聽了他的講經，覺得聖德太子以來兩百餘年間，佛教界的諸多學者視為問題、爭論不休的難點被最澄一口氣都解決了，感到非常高興，但是最澄想要更進一步深化自己的研究，在次年決定渡海前往唐王朝，於延曆二十三年（八〇四）搭乘遣唐使船出發，踏上了前往唐王朝的旅程。船共有四艘，大使藤原葛野麻呂、副使石川道益、判官菅原清公等人分別帶領一條船，而最澄與空海也分別搭乘著其中一條船出發了。菅原清公是菅原道真的祖父，由此大家可以想見這四艘船的責任有多麼重大，要是有個萬一，日本的損失可以說是難以計算了。萬幸的是清公、最澄與空海都於順利抵達唐朝後平安地歸國，但是最澄與空海在唐朝的行動並未同行，歸國的時間也各異。

最澄登上天台山，遍訪智者大師的靈跡，其間通過抄寫、借閱獲得許多重要的著作，在天台山上停留了約一個月後下山，之後在龍興寺進行為期四個月的研究，完成渡唐的目的後就回國了。他回國的時候是延曆二十四年初秋，一到國內立刻被招入宮內講經，同時獻上在唐朝求得的佛像。第二年的正月，最澄上書請願，為了拯救佛教界的衰微，希望能夠將每年得度的僧侶人數定為十二人，這一要求在延曆二十五年的正月二十六日得到了敕許。根據當時的規定，十二人分別屬於如下諸宗：

華嚴宗兩人

天台宗兩人

律宗兩人

三論宗三人（其中一人應專攻成實宗）

法相宗三人（其中一人應專攻俱舍宗）

也就是說，通過這次請願，天台宗正式成為與南都六宗並列的第七宗，而且還是與華嚴宗、法相宗相提並論的大宗，天台宗作為一個獨立的宗派得到公認正是從這時候開始，當時最澄四十歲。

到此為止諸事似乎都很順利，然而此後最澄的後半生變得非常艱難。最為支持他的桓武天皇在不久後駕崩，南都六宗的僧侶們開始反對他的活動，比他晚幾年歸國的空海後來也與他不合，辛苦養成的弟子卻棄他而去，想必當時在比叡山上的最澄一定感受到凜冽的寒風吧。但是最澄仍然堅信大乘佛教能夠為所有人帶來救贖，排除萬難，最終確立了天台宗，在弘仁十三年（八二二）六月以五十六歲離世，此後清和天皇賜予他傳教大師的謚號。

雖然最澄與空海兩人有一段時間的不和，但是天台宗與真言宗從此之後共同打造出日本佛教的巨大潮流，淨土宗、真宗、日蓮宗、時宗等諸多宗派都是在這股潮流中所派生出來的。

空海

空海出生於讚岐國（現香川縣）的多度郡，父親出身於佐伯氏，據說其先祖是隨著日本武尊平定東國的有功者，憑藉這一功績被任命為讚岐國的國造，其後大化革新取消了國造這一稱號。空海出生於光仁天皇寶龜五年，十五歲時跟隨舅父阿刀大足學習中國的古代經典，十八歲時前往大學遊學，其間碰巧遇到石淵寺的勤操和尚，跟隨他學習虛空藏求聞持法。為了這一修行，空海時而登上阿波國（現德島縣）的大瀧山，時而站在土佐國（現高知縣）的室戶沖前，經歷諸多苦行，之後終於有所領悟，於是在二十四歲時撰寫了《三教指歸》一書。

延曆二十三年，空海登上了遣唐使船，渡海前往唐朝，當時最澄三十八歲，空海則是三十一歲。在中國，最澄前往天台山，並在龍興寺學習，而空海則前往首都長安，在青龍寺學習真言宗的秘密修法，於大同元年的秋天返回日本。對佛教很熱心的和氣氏同樣請他來到高雄的神護寺，之後他也得到了朝廷的尊重和世間的信任，真言宗在京都以東寺為本山，在地方則以紀伊國（現和歌山縣）的高野山為本山，就這樣興盛起來。空海在承和二年三月以六十三歲離世，醍醐天皇在延喜二十一年時追贈他弘法大師的稱號。

空海是一位情操高尚、多才多藝的人，其詩文之精巧堪稱詩人，其書法之華麗足以開山立派，除此之外他還幫助大眾修建水池以便農業生產等，在民間也有很高的人氣，在全國各地留下各式各樣的傳說。就像「大師被弘法獨佔，太閤被秀吉獨佔」這句諺語所表現的一樣，歷史上得到過「大師」這一諡號的人很多，但是在日本只要說到「大師」，人們指的就是弘法大師，弘法大師在民間就是如此有名。

距離兩位大師去世已經過了一千一百三十多年，但是比叡山上的人們相信傳教大師依然在世，同樣高野山周邊現在也一樣相信弘法大師仍舊在世，對於他們的供奉千百年來沒有任何改變。

關於兩位大師，還有一些話題想要補充。想必大家都曾經在校外教學或是觀光的時候去過比叡山吧，而說到延曆寺，恐怕不少人腦中浮現的都是成百上千的僧侶捲起袖管、揮舞薙刀的情景。如果大家只從這一方面來認識比叡山、延曆寺的話，那麼非但沒能理解傳教大師，也沒能理解比叡山，因此我想在這裡向大家介紹回峰行。所謂的回峰行，是比叡山自古流傳下來的修行方法，現在也有人在進行這一苦行。比叡山是一座占地面積廣大的山，大致可以分為三塔，細分之下有十六谷，所謂的回峰行，就是逐一巡迴禮拜這座山上各處靈場的修行方式。此一修行並非按照自己的喜好隨意巡迴即可，禮拜的順序是自古以來就固定下來的，按照這個順序巡禮一圈所需的距離約七里半，一里約等於四公里，也就是說一次巡迴得走上三十公里的路，而這三十公里並不是在白天走，而是在夜裡。在深夜十二點前起床，完成佛前禮拜後於深夜一點整出發，全速在山谷內穿行，於天明前回到本堂，這樣的苦行需要連續堅持一百個晚上，這是回峰行第一年的內容。第二年和第三年與第一年相同，每年要這樣在夜裡進行靈場巡訪一百次，到了第四年則改為連續二百日，第五年也與第四年一樣。在這五年間完成了共計七百日的回峰行後，需要連續九天斷水斷食，居於明王堂內，每日念誦咒文一萬多遍，九日共計十萬遍，這就是所謂的「入堂」。「入堂」儀式結束後進入正式的第六年修行，最初一百天的路程和此前一樣每日七里半，後百日的行程則倍增為每日十五里，進入第七年的二百日修行中，更要在原先的十五里中再增加下山前往京都赤山禪院的巡禮，這又是七里半，合計二十二里半。在一天內行走共九十公里的路程，這樣的苦修得持續兩百天，如此這般長達七年，總日數高達千日，步行路程一萬兩千里（四萬五千公里），而這一苦行的目的是祈願日本的榮光能永無止境、直到永遠。我們只有了解回峰行這一如此艱難的苦行後，才能真正明白最澄在比叡山開設鎮護國家的道場的意義[31]。

31　史實錯誤，回峰行創始者並非最澄，此外祈願目的亦有誤。——譯者註

◎平假名

音讀・訓讀

前文既述，奈良時代阿倍仲麻呂作為留學生前往中國，他的詩文在唐朝的文壇上頗負盛名，與唐朝第一流的詩人李白等人交好；平安時代初期，最澄和空海前往唐朝，立刻就能理解天台、真言的精深哲理，獲得唐朝優秀高僧的信賴及尊敬，接受繼承唐朝佛教的正統回到日本。如此一來，日本人在學問、文藝、宗教各方面都獲得了自信，自然就會產生身為日本人的自覺，因此在此之後開始發展出日本獨特的文化，而在這一過程中做出了巨大貢獻的，就是假名的發明。

至此為止，日本沒有自己的文字，使用的都是漢字。雖然說使用的是漢字，卻也是以日本獨特的方式，漢字既可以像中國一樣用音讀，也可以用訓讀，自由

自在地選擇運用，例如「音」這個字，如果讀作「オン」（on）就是音讀，讀作「おと」（oto）就是訓讀；同樣地，「山」這個字如果讀作「サン」（san）就是音讀，讀作「やま」（yama）就是訓讀。如此自由地使用音讀與訓讀，使得中國的古代經典也可以讀成日本式的，例如《文選》中，「泊湘」被讀作「ささらなみ」（sa sa ra na mi），「閭閻」則被讀作「さとのかど」（sa to no ka do）；此外在《土佐日記》裡，有將「棹穿波上月」讀作「さをはうがつなみのうへのつき」（sa wo ha u ga tsu na mi no u e no tsu ki）；《江談抄》中亦有將「二月三月日遲遲」讀作「きららぎ、やよひ、ひうらうら」（ki ra ra gi,ya yo i,hi u ra u ra）的例子；更有趣的則是將音讀與訓讀合而為一的讀法，如「煙霞（えんか）子細（しさい）とこまやかに、泉石（せんせき）分明（ぶんめい）とあきらかなり」，「子細」先是以音讀「しさい」（si sai）出現了一次，之後又以「こまやかに」(ko ma ya ka ni) 的訓讀再讀一遍。

以上是漢學與詩文的例子，佛教經文中也有同樣的例子，需要用音讀的時候就用音讀，也有要求使用訓讀的時候。延曆二十五年正月，根據朝廷的規定，僧

侶必須既能夠用漢語發音讀《法華經》與《金光明經》，同時也要能用訓讀。例如《法華經》的訓讀如下：「そのときに世尊、摩訶迦葉およびもろもろの大弟子につげたまはく、よきかな、よきかな、迦葉。」

如此這般，日本雖然有訓讀，但是因為沒有假名，缺少將這一訓讀記錄下來的手段，在記錄與傳播這一讀法方面有很多困難，於是就出現了「ヲコト點」。這種方法是在漢字的周圍加點，根據加點位置的差異就能夠確定漢字的讀法。每一個人、每一所寺院關於「ヲコト點」的標示方式都不一樣，但是例如在「何」字的右上方加點就讀作「何を」，在右側中部加點則讀作「何すること」，因此這個點也被稱為「テニハ點」。

然而就算是有了這些方法，還是會出現一些問題，為了僅使用漢字來表述日本的語言，就不得不像《古事記》《日本書紀》或《萬葉集》一樣費盡工夫。

ますらをの行 くという道ぞ
おほろかに おもひて行くな

ますらをのとも（九七四）

（這是勇士所走的道路，有勇氣的人啊，走上這條路前千萬要仔細思考，切勿輕鬆隨性地就踏上這條道路。）

例如這一首歌，為了將它用文字表示，萬葉時期的人們不得不寫作：「大夫之 去跡雲道曾 凡可爾 念而行勿 大夫之伴」，這對作者來說非常辛苦，對閱讀者而言則更是難以想像的困難，一不小心就會讀錯。

伊呂波歌

為了解決這個問題，日本人發明了平假名。最初是用草書體書寫漢字時逐漸越寫越簡單，又或者自然而然寫成某些固定形狀。平假名與漢字的對應關係如下：

い—以　ろ—呂　は—波　に—仁
ほ—保　へ—部　と—止　ち—知
り—利　ぬ—奴　る—留　を—遠
わ—和　か—加　よ—与　た—太
れ—礼　そ—曽　つ—川　ね—禰
な—奈　ら—良　む—武　う—宇
ゐ—為　の—乃　お—於　く—久
や—也　ま—末　け—計　ふ—不
こ—己　え—衣　て—天　あ—安
さ—左　き—幾　ゆ—由　め—女
み—美　し—之　ゑ—恵　ひ—比
も—毛　せ—世　す—寸

為了將這些平假名一口氣背下來，古來有「あめ（雨）つち（土）ほし

（星）そら（天）やま（山）かは（河）みね（峰）たに（谷）くも（雲）きり（霧）」的背誦方式，用幾個單詞將所有的假名包括進去，最終留下來的就是「伊呂波歌」（いろは歌），這種背誦假名的方式持續千年，一直沿用到現在。

不幸的是，我們不知道「伊呂波歌」是誰創作的，但是我們可以想像作者一定是一個偉大的天才。要將四十七個文字不重複地排列一遍，即使只是單純地排列就已經非常困難，「伊呂波歌」不僅做到了這一點，還有內容方便記憶，有韻律感便於背誦，既是學習假名的範本，同時還是一首優秀的和歌，可見作者一定不是一位普通的人物。

色は匂へど　散りぬるを
我が世誰ぞ　常ならむ
有為の奥山　今日越えて
浅き夢見じ　酔ひもせず

從「伊呂波歌」的內容來看，這裡面流露著明顯的佛教思想，可以肯定是僧侶所作，而且應該是僧侶中才華橫溢的英才。大江匡房是距今九百餘年前的人物，被認為是當時日本第一流的學者，受到世間的尊敬，八幡太郎義家也曾經跟隨他學習。大江匡房告訴周圍的人：「據源信僧都所說，『創作「伊呂波歌」的人是弘法大師』。」源信是比叡山的名僧，比叡山與空海的關係並不好，就連源信都說「伊呂波歌」是弘法大師所作的話，那就是說比叡山也承認了空海撰寫「伊呂波歌」的功績。然而，空海與源信之間有百餘年的時間間隔，這不能成為證明「伊呂波歌」與空海關係的決定性證據，但是無論大江匡房也好，或者源信也罷，皆係當時第一流的學者，他們都相信是弘法大師創作了「伊呂波歌」，這一點是毫無疑問的。

此外，我還可以再舉出一個證據，那就是古時候一本名為《淩雲集》的漢詩集。這本漢詩集編纂於弘仁五年（八一四），當時空海還在世。其中收錄了一首仲雄王訪問空海時所作的漢詩，他在詩中稱讚空海的人格與功績時有「字母弘三乘，真言演四句」之句，這裡的「四句」被認為指的是「伊呂波歌」，也就是說

「伊呂波歌」為空海之作，並且創作時間早於弘仁五年（而且應當是他於大同元年歸國之後）。

空海為後世留下了眾多功績，但是要說到千百年來造福無數人的功績，仍然不得不說是他創作的「伊呂波歌」[32]。

32 作者將「伊呂波歌」的作者推定為空海，明顯是穿鑿附會，「伊呂波歌」並不符合空海所生活的時代的舊假名使用方式。——譯者注

◎片假名

五十音圖

接下來是片假名，這也是在平安時代初期出現的。平假名是用草書體寫漢字時出現的字形變化，而片假名則是採用漢字筆劃的一部分來表音。最初因為使用者、時間及地點不同，各家的片假名互有差異，在長時間的使用中逐漸得到統一，最終變成現在這樣。我先將各個片假名原本對應的漢字寫出來吧。

ア─阿　イ─伊　ウ─宇　エ─江　オ─於

カ─加　キ─幾　ク─久　ケ─介　コ─己

サ─散　シ─之　ス─須　セ─世　ソ─曽

タ—多	チ—千	ツ—川	テ—天	ト—止
ナ—奈	ニ—仁	ヌ—奴	ネ—禰	ノ—乃
ハ—八	ヒ—比	フ—不	ヘ—部	ホ—保
マ—末	ミ—三	ム—牟	メ—女	モ—毛
ヤ—也	○	ユ—由	○	ヨ—与
ラ—良	リ—利	ル—流	レ—礼	ロ—呂
ワ—和	ヰ—井	○	ヱ—恵	ヲ—乎

採用漢字的一部分，借用漢字的音或訓來表示自己國家的語言，這是在追求快速書寫時自然發生的事情，誰都有可能想到，但是在受到漢字文化影響的各國之中只有日本發明了假名，這一點是因為我們能夠以使用萬葉假名時自主的態度，輕鬆地消化並利用外國文化。而真正偉大的事情，則是五十音圖的編成。

就像「伊呂波歌」的作者不明一樣，五十音圖的作者也難以確認，但毫無疑問這位作者一定是一個優秀的學者，並且我可以斷言這是一位語學者，而且是悉曇學者。所謂的悉曇指的是古代印度的文字，為了正確理解佛教教義，有必要學習古代印度的文字，此外因為重要的佛經都是由悉曇翻譯為漢文的，因此也有必要掌握漢字的讀法與漢文的書寫規範，也就是說悉曇學者需要掌握印度與中國的語學。空海本人似乎精通悉曇學，但是其後將這門學問推向最高峰的則是最澄的門下末流，其中出現了一位名為安然的大學者。安然是最澄的親族，跟隨最澄之後的第三代天台座主——円仁（慈覺大師）學習。安然精通悉曇學，撰寫了《悉曇藏》一書，受到佛教界的尊敬。之後又出現了名為明覺的學者，他雖然遠離京都，居住在北國白山山麓的溫泉寺，卻繼承並發展了安然的學問，撰寫過許多重要的著作。明覺的活動時間大致在堀河天皇的治世時期，也就是距今約八百五十年前，明覺在撰寫的著作中，已經按照五十音圖的順序進行語學的說明了。五十音圖是這些悉曇學者們以外國語的知識為基礎，將其運用到日本語上的結果，這一系列對日本語的音韻與構造進行反省、明確日本文法構造的重要研究，想必就是由從安然到明覺這一系的學者們逐漸展開並實現的。

日語的構造

大家知道嗎？熟悉固然是件好事，但是同時也是件非常可怕的事情。我們從小時候開始就每天使用著日語，因此才能自由自在地運用它；但是同時，我們有沒有因為熟悉而忘記了日語的尊貴與正確的形式，隨心所欲地將它簡略，使它變得雜亂又醜陋不堪呢？當我們學習外國語時，會一個詞一個詞地去查字典，詳細查詢每個字詞的意思，但是當讀日語時，是否因為覺得很熟悉就跳過了一些不了解的部分呢？外國語尤其在德語中，有男性、女性、中性、過去、現在、未來、單數、複數等複雜區分，為了說好這些外國語，不得不將每一個時態都清清楚楚地背下來，相形之下學習日語卻很輕鬆，沒有這樣的規則，很多人似乎都是這麼想的，然而這個想法絕對是錯誤的。日語有明確、嚴格的法則，假如我們嚴謹地遵循這些法則，日語應當是非常美麗的語言。

例如由太政官發出的公文——太政官符，它的標題一定是「應做某某事」，假如一份文書內只寫了一件事情的話，結句則以「右」開頭，若有多件事情的話，結句則以「以前」開頭。古人必會嚴格遵循結句是以「右」或是「以前」開頭的規矩絕不動搖，只看這一點，就能知道古代人的頭腦之細緻與語言之精準[33]。

關於古代的日語遵循一定的邏輯構造這一點，我也舉一個例子。例如「無し」一詞，假如前面有「ぞ」的話就要變為「無き」，前面有「こそ」的話就要變為「無けれ」，讓我們從《古今集》中找一個例子：

小倉山　峯立ち馴らし　鳴く鹿の
経にけむ秋を　知る人ぞ無き

這首歌的最後一句，即使寫成「知る人無し」，意思也不會有任何變化，但是因為接在「知る人ぞ」的後面，就不得不寫作「無き」，假如接續在「知る人こそ」之後的話，就必須寫作「無けれ」。

残りなく　散るぞめでたき　さくら花
有りて世の中　はての憂ければ

春の日の　光にあたる　我なれど
かしらの雪と　なるぞわびしき

音羽山　けさ越えくれば　ほととぎす
梢はるかに　今ぞ鳴くなる

山里は　冬ぞさびしさ　まきりける
人めも草も　枯れぬとおもへば

33 這是日本對漢唐行政文書的繼承，而非日本的原創，此外論據與論點不合。——譯者註

月見れば　ちぢに物こそ　悲しけれ
我が身ひとつの　秋にはあらねど

恋すてふ　わが名はまだき　立ちにけり
人知れずこそ　思ひそめしか

春の夜の　闇はあやなし、梅の花
色こそ見えね　香やは隠るる

かたみこそ　今はあだなれ　これなくば
忘るる時も　あらましものを

花の散る　ことやわびしき　春がすみ
たつたの山の　うぐひすの声

春霞たつを見すてて　行く雁は
花無き里に　すみやならへる

あしびきの　山ほととぎす　わがごとや
君に恋ひつつ　いねがてにする

暮るるかと　見ればあけぬる　夏の夜を
飽かずとや鳴く　山ほととぎす

這裡我列舉了很多例子，這些都是「系結」（係り結び）這一語法的具體表現，可以發現這一語法被嚴格的遵守，絲毫沒有混亂。實際上，即使我們不舉這麼複雜的例子，只要考慮動詞的活用，也能立刻明白日語語法的嚴謹性。

例如「行く」這個詞，根據接續詞的不同，有「明日行かば」、「行き給ふ」、「行く人」、「早行け」的多種變形；「書く」也一樣，有「文書かば」、

「書き終る」、「書く子」、「大きく書け」等多種變形。

所有這些語法與動詞變形等內容，假如不用某些方式加以整理和說明，就很難將日語的構造簡單易懂地展示給世人。因此要是沒有發明五十音圖的話，這個工作想必會非常困難吧，正是因為有了五十音圖，整理日語的各種活用方式才變為可能。日語複雜而又美麗的性質是自古以來就有的，然而此前沒有人能夠對此進行學術性的研究，明確地理解其本質，並用簡潔明快的方法將日語的構造展示出來，要做到這一點，不得不等到五十音圖發明之後，而五十音圖的發明，一方面能夠展示日語應有的正確形式，另一方面也為維持日語的正確性做出了巨大的貢獻。

有人認為日語是隨著時代變遷不斷變化的，過分重視這一流動變化的作用。但是發生了變化與流動的並不只是日語，假如放置不管的話，禮節就會混亂，儀式就會被破壞，道德也會被遺忘，而在這一變化流動的時局中，最重要的事情就是建立規範、追尋理想，因此對於我們現代人來說，在平安時代尋求日語最美麗的形態，通過五十音圖學習日語的正確構造，然後用正確而美麗的形態使用日本的語言，這一點是最重要的。

如果可能的話，我也希望像將「伊呂波歌」的作者推定為空海（弘法大師）一樣，能夠推定出五十音圖的具體作者，但非常遺憾的是這件事情難以做到。但是將五十音圖的編纂推定為最澄（傳教大師）門流下從安然到明覺等一系列優秀悉曇學者們的功績，應該是正確無誤的。我們必須尊敬這些人的功績，並感謝這些人的恩惠。

◎《古今集》

日本獨特文化的發達

從桓武天皇延曆年間開始，到醍醐天皇延喜年間為止，這一百多年間，表面上是漢文漢詩的全盛時代，編纂了幾部敕纂漢詩集，《淩雲集》《文華秀麗集》《經國集》就是這時候編寫的。如果只看表面的話，這一時期的日本似乎是尊崇外國文化並拼命試圖模仿外國文化的樣子，但是在這期間平假名文化逐漸發展了起來，「伊呂波歌」也創作於這一期間，此外，對於日語的構造展開了精密的研究，開發出片假名並最終集大成為五十音圖。也就是說，表面上看起來是這一時代的文化是對外國文化的模仿，但是實際上則是日本獨特的文化逐漸發展的時代。

關於這一點，有以下證據。嘉祥二年（八四九）仁明天皇四十歲大壽時，奈良興福寺的僧侶們獻上的祝壽禮之中，除了佛像與經卷外，還有一首長歌，這首歌有以下幾個特色：㈠是一首超過三百句的長歌；㈡基本上遵循了奈良時代「五七．五七」的形式，但是偶爾也嘗試了七五調，是新時代的先驅；㈢雖是僧侶所作之歌，卻與柿本人麻呂一樣，從日本神話開始起句。

這些都是大家應當留心的部分。還有一點想提出請各位注意的，是在這首長歌中可以看到作者對日語的尊重，現在我將這一部分節選出來進行說明：

日の本の　やまとの国は
此の国の　云ひ伝ふらく
書き記す　博士雇はず
唐の　詞を仮らず
本つ詞に　遂ひ倚りて
事の詞は　此の国の

言霊の　さきはふ国とぞ
古語に　流れ來たれる
神語に伝へ來たれる
伝へ來し　事のまにまに
本の世の　事尋ぬれば
歌語に　詠みかへして
神事に　用ひ來れり
皇事に　用ひ來れり

這一段的意思是：日語內蘊含著不可思議的神秘靈妙之力，因此在至今為止的神事與天皇的祝事時都使用了日語，在這次為天皇祝壽時，也刻意避免了使用外國語而只用日語為天皇獻上祝壽之詞。

創作這首歌的嘉祥二年，正處於延曆到延喜這百餘年間的正中，而「伊呂波歌」則在此之前約三十多年就已經出現了，同時片假名也逐漸得到開發，因此可以說平安初期的百餘年時間，表面上看起來是漢文漢詩文化的全盛期，而其內部則是日本獨特的文化，換言之，是日文與和歌獲得了巨大發展的時代，例如小野小町與在原業平等優秀的歌人也出現在這一時代，而最後在延喜五年四月，隨著敕纂《古今和歌集》的誕生，這些名歌與延喜時代的名作被收錄在一起，長久以來一直作為日本歌壇的指針，綻放光芒，直到現在。

《古今集》

《古今和歌集》略稱為《古今集》，是醍醐天皇敕命編纂的和歌集，負責此一任務的是紀友則、紀貫之、凡河內躬恆和壬生忠岑四人，但是紀友則在編纂途中離世，因此紀貫之成為中心人物與代表者，肩挑重任。最終成書的《古今集》有二十卷，分為春、夏、秋、冬、賀、離別、羈旅、物名、戀、哀傷、雜、雜體、大歌所御歌十三大類，所收和歌共一千一百首。雖其規模僅《萬葉集》的四分之一，但《古今集》作為首部作品，為後來一系列的敕撰和歌集做出了很好的示範，長久以來一直位於歌壇的指導地位，具有極高的價值。此外，後續的敕撰和歌集如下：

《後撰集》（天曆五年）
《拾遺集》（長德、寬弘年間）（以上兩部和歌集與《古今集》並稱三代集）
《後拾遺集》（應德三年）
《金葉集》（大治二年）
《詞花集》（仁平元年）
《千載集》（文治三年）
《新古今集》（元久二年）（以上八部和歌集合稱為八代集）

在此之後還不斷有和歌集編成，我們就暫時在這裡打住吧。在第七部《千載集》之後，戰亂持續，國中一片混亂，但是和歌的敕撰沒有中斷，這一方面表現了日本人內心的優雅與喜愛風流的特性，另一方面也顯示了日本文化的發展一直是以皇室為中心的。

那麼我就從《古今集》中，選擇幾首著名的和歌介紹給大家吧。

春のはじめの歌（壬生忠岑）

春來ぬと 人は云へども うぐひすの

鳴かぬ限は あらじとぞ思ふ

（初春之歌

人們說現在已經是春天了，但是只要還沒聽到黃鶯的啼聲，我就覺得春天還沒有到。）

春歌（大江千里）34

34 原書引用時似遺漏了標題。——譯者注

鶯の　谷より出づる　こゑ無くば
春くることを　たれか知らまし
（春歌
要是聽不到黃鶯的啼聲，又有誰感覺得到春天的到來呢？）

題しらず（詠者不明）
野べ近く　家居しをれば　鶯の
鳴くなる声は　あさなあさな聞く
（無題詩
山居之人，每天早晨都能聽黃鶯的啼聲。）

帰る雁をよめる（伊勢）
春がすみ　たつを見すてて　ゆく雁は
花なき里に　住みやならへる

（詠歸雁
見到春霞升起，便毫不猶豫地離開此地向北而去的歸雁啊，你是否已習慣了
生活在沒有花香之地？）

題しらず（詠者不明）
宿近く　梅の花うゑじ　あぢきなく
待つ人の香に　あやまたれけり
（無題詩
家的附近不應該種梅花，這是因為梅花的香味和徒然等待的戀人的香氣太過
接近，一不小心就會誤以為是戀人到來了。）

梅の花を折りて人におくりける（紀友則）
君ならでた　れにか見せむ　梅の花
色をも香をも　知る人ぞ知る

（折梅花贈友人
這枝梅花，除你之外不知還能贈與何人。因為只有你才能理解梅花的色彩與香味。）

初瀬にて（紀貫之）
人はいさ　心も知らず　ふるさとは
花ぞ昔の　香に匂ひける

（於初瀬
人心不知何時就會發生怎樣的變化，在這片熟悉的土地上，只有與昔日一樣熟悉的梅花香飄散著。）

渚の院にて桜を見て（在原業平）
世の中に　たえてさくらの　なかりせば
春の心は　のどけからまし

（於渚院見櫻
假如這個世界上沒有櫻花的話，人們度過春天時一定就少了許多感傷之情。）

さくらの花の散るを（紀友則）
ひさかたの　光のどけき　春の日に
しづ心なく　花の散るらむ
（詠落櫻
現在明明還是日光如此柔和的春日，為何櫻花卻如此飄零落下？）

題しらず（詠者不明）
駒並べて　いざ見に行かむ　ふるさとは
雪とのみこそ　花は散るらめ
（無題詩

讓我們並轡而行，前往奈良舊都吧，現在正是櫻花花瓣像雪花一樣飄落的時節。）

題しらず（詠者不明）
わが宿の　池の藤なみ　咲きにけり
山ほととぎす　いつか來鳴かむ
（無題詩
我家池畔的藤花正盛，就像波浪一樣倒映在池水中。不知何時才能聽到杜鵑來此的啼鳴之聲。）

題しらず（詠者不明）
五月待つ　花たちばなの　香をかげば
むかしの人の　袖の香ぞする
（無題詩

即將進入五月，聞到橘花的香氣，這讓我不由得想起昔人衣袖的熏香，也正是這個香味。）

秋立つ日よめる（藤原敏行）
秋來ぬと 目にはさやかに 見えねども
風の音にぞ 驚かれぬる
（詠秋日
秋日已至，而視野所見之內卻毫無感覺；直到秋風吹過，才忽然驚覺秋日的到來。）

題しらず（詠者不明）
木の間より 洩りくる月の 影見れば
心づくしの 秋は來にけり
（無題詩

見到樹葉之間漏過的月光，就意識到令人感傷的秋季的到來。）

年のはてによめる（春道列樹）
昨日といひ　けふと暮らして　あすか川
流れて早き　月日なりけり
（詠於年末
我以為今日是昨天，卻發現轉眼已到了明天。時光飛逝而去，就像飛鳥川湍急的流水。）

（詠者不明）
恋せじと　みたらし川に　せしみそぎ
神はうけずぞ　なりにけらしも
（無題詩
我決定不再動戀愛之心，為此我來到御手洗川上，清潔身體向神祈禱；然而我的這一祈願似乎並不被神明受理。）

（詠者不明）

行く水に 数書くよりも はかなきは
思はぬ人を 思ふなりけり

（無題詩
比起在流水上寫字要更為傷感的，是思念一個心中沒有你的人。）

這些都是千百年來備受我們祖先喜愛的和歌。編寫《古今集》的延喜五年距離現在已經過去了一千零六十多年，但是不可思議地讓我們覺得並不十分遙遠，人們能夠輕鬆地理解古人的用詞，也能輕鬆地與古人的感受產生共鳴，這真是一件難以置信的事情。這一方面是因為平安京固然也經歷了各式各樣的時勢變遷，但是作為日本的首都與文化的中心，千年以來從未變過；另一方面也因為日本沒有發生過革命，皇統在千百年間安定持續，這是上述所有事情的根基。

《古今集》內還有一些非常好玩的和歌，一旦聽過一遍就一定不會忘記，接下來是其中的兩個例子。

うれしきを　何に包まむ　から衣
袂ゆたかに　裁てといはましを

這首和歌意為：「愉悅的心情難以抑制，仿佛就要溢出，這一份滿溢的喜悅要用什麼來盛呢？如果我之前在訂製衣服的時候，把和服的袖子再裁剪得大一點就好了。」

おいらくの　來むと知りせば　門さして
無しと答へて　逢はざらましを

「おいらく」的意思就是「衰老」，這首和歌的意思是：「『衰老』突然到

訪我家，要是我能早點注意到這一點的話，就應該早早地關上門、插好門閂，回答一句『我們家沒有人希望你到訪』才是；但是因為毫無意識地留著門沒有關上，結果『衰老』這傢伙就偷偷溜了進來，將我變成了這樣一個老人。」非常有趣吧。

《古今集》裡還有其他許多優秀的和歌，在此無法一一列舉，但是《古今集》的序文非常有名，在此引用其開頭部分：

世上之人因為經歷之事眾多，因此會將心中所想、眼中所見、耳中所聞之物，通過和歌的形式表達出來。例如聽到春天花邊的鶯鳴與夏秋之際水中的蛙聲，當見到世界上所有的這些美好的事物之時，有誰能夠不詠歌呢？不以力量就能動搖天地，感動目不可見的鬼神，使男女間展開關係，撫慰英勇的武士的內心，這些都是和歌的作用。和歌從天地開闢之時就已經存在，天界之歌自下照姬的和歌開始為世人所知，而下界之歌則要從素戔嗚尊所詠的和歌開始算起。

這篇序文是紀貫之所作，用純粹的國文討論了和歌的定義、起源、沿革，還展開了對歌仙的批判，並陳述了自己的和歌理念，最後總結道：（和歌文化）就像青柳之絲一樣不會斷絕，像松葉一樣不會被吹散，像衛矛的蔓藤一樣長久不絕，像鳥的足跡（古傳倉頡造字之源，此處代指古今集本身）一樣傳承久遠。將來的人們只要能夠知道和歌的樣式，理解語言的本質，那麼他們自然會產生仰古懷今的情懷，這就像我們現在仰望高懸於空中的月亮是一個道理。也就是說，《古今集》將流傳於後世，成為後世和歌的模範，受到後人的尊敬，紀貫之表達了這樣的自信與抱負，事實上，《古今集》也確實像紀貫之的期待一樣，在這之後的千年間支配著歌壇。

◎《竹取物語》

《竹取物語》

阿倍仲麻呂能夠與唐朝第一流的詩人平等交流，不落下風，文采在唐朝也受到讚賞；最澄與空海則得到唐朝宗教界第一流學者的信賴與期待，繼承了他們的道統。這些人的活動使日本人對自己的能力與文化產生了自信，而這一自信則表現為平假名的發展，表現為創作「伊呂波歌」，表現為編纂《古今集》，這些是我在前幾節裡所說的內容。

但是，日本文化中在這一時間段內得到發展的並非只有和歌，日文中的物語也在這一時代得到了發展。《竹取物語》《伊勢物語》《土佐日記》《宇津保物語》《落窪物語》，以及後來的《枕草子》和《源氏物語》，這些物語故事都是在清和天皇的貞觀年間到一條天皇的寬弘年間約一百五十年內編纂出來的，這是一個非常壯觀的文化現象，而其中最優秀的代表作是由女性創作的，這一點更是前無古人後無來者。

最古老的《竹取物語》，是以美麗的輝夜姬為主人公的小說。

「從前有一位竹取老翁，常常到山中伐竹維持生計。」這是文章的開頭。老翁見到一根竹子閃閃發光，靠近一看，發現裡面有一個三寸大小的美麗女嬰，將其抱回家中讓妻子撫養，後來老翁就經常在伐竹時從竹子裡發現黃金，於是很快就富裕了起來。女嬰成長得很快，三個月內就長大成人，美貌無雙，使家中充滿了光輝，因此老翁給她取名為輝夜姬。有許多人想要和她結婚，雖然老翁拒絕了絕大多數人，但是還是有五個最熱心的人留了下來，他們步步緊逼，於是輝夜姬說：「只要你們有人能夠拿來我想要的東西，我就和他結婚。」她讓其中一個人去取佛使用過的石缽；第二個人去取蓬萊山上所生的一根玉枝，它的樹根是銀的，樹幹是金的，樹上的果實則由珍珠結成的；第三個人去取中國的火鼠裘；第四個人去取位於龍首前的五色寶珠；第五個人則去取燕子的子安貝。這五件中的任意一件都是非常難以獲得的珍貴寶物，五個人皆歷經千辛萬苦取來了東西，但是前三人拿來的都是假貨，可笑的是火鼠裘的特點明明是不畏火燒，卻一近火就被燒光，拿來火鼠裘的那個人「面色發青如草」，這一點令人印象深刻。第四個人去取龍頭上的寶珠，在海中遇到了暴風，雖然最終保住了性命，卻變得十分醜陋，於是放棄了迎娶輝夜姬。第五個人為了去取燕子的子安貝爬上屋頂，一個不小心從房子上摔了下來，折了腰，喪了命。就這樣，五個求婚者都失敗而歸，但是輝夜姬的名氣更為響亮，最終傳到了皇帝的耳中，皇帝下令讓輝夜姬入宮覲見，但是輝夜姬以八月十五日的夜晚裡會有月宮的使者前來迎接自己回家為由拒絕了皇帝的召見，並因為面臨與竹取翁一家的別離而流淚。最終，敕使帶著兩千人兵士守衛在竹取翁的家裡，試圖阻止月宮的使者迎接輝夜姬回家，但是當使者來臨時，眾人就像喝醉了酒一樣沒有半點力氣，眼看著輝夜姬坐上月宮派來的車輛，在一百多名天人的守護下升天而去。皇帝將輝夜姬獻上的不死藥和一首寫給輝夜姬的歌封在一起，派遣使者在富士山巔上燒掉了，最終故事的結尾是這樣的：「從此之後，這座燒毀不死藥的山就名為『不死山』（即富士山），現在這座山上還能看到煙霧直沖雲霄，故事就是這樣的。」

值得注意的是結尾中提到的富士山的煙仍然高騰於雲中這點，富士山在清和天皇的貞觀六年五月有過一次大爆發，這是一次非常嚴重的災害，《三代實錄》中也記載了這次富士山的爆發，而在延喜五年完成的《古今集》的序文中有「現在富士山的煙也不見了」的句子，由此可知《竹取物語》是在貞觀以後、延喜之前創作，也就是《古今集》編纂前二三十年的時候。

《伊勢物語》

《竹取物語》是第一部用平假名書寫的物語，因此我詳細介紹了其內容；接下來出現的《伊勢物語》則有著非常高的藝術價值，可以說是珠玉之文。《伊勢物語》是以和歌為主軸，配以敘述的語句而成的若干篇獨立短篇小說的集合，其敘述方式之優美和予人回味之美妙，真的是出類拔萃。其中的和歌主要是在原業平之作，因此《伊勢物語》的故事是以在原業平的一生與他的熱情為中心展開的，這也是《伊勢物語》的特色所在。

月やあらぬ　春や昔の　春ならぬ
我身ひとつは　もとの身にして
駿河なる　宇津の山辺の　うつつにも
夢にも人の　あはぬなりけり
忘れては　夢かとぞ思ふ　思ひきや
雪踏み分けて　君を見むとは

〔今天的月亮還是昨天的月亮嗎，今年的春天和去年的春天還一樣嗎？只有我一個人和當年一樣毫無變化。

來到駿河的宇津（うつ）地方的山邊，不由得感嘆無論在現實（うつつ）中也好，在夢境中也好，都見不到思念之人。

我忘記了現實，以為這就是一個夢，完全沒想到我能夠踏雪而來，在此處與您相會。」

這些都是在原業平的作品中，一旦讀過就永生難忘的令人感動的名作，在這些名作之間略加幾句敘述，就成為歌物語的形式。雖然不知道是誰編的，但這實在是非常有趣的想法，在此只引用隅田川的一段讓大家感受一下吧。

（他們）繼續前行，在武藏國與下總國之間遇到一條大河，這條河名為隅田河。眾人聚集在河邊，回想京中之事，感歎自己來到了如此遙遠的地方，不禁都有些傷感。這時渡船的船夫說：「快點乘上船來，天就要暗了。」於是眾人都坐上船準備渡河，但是想到遠在京中的親友，心中仍然感到傷感。就在這時候，眾人看到一隻白鳥，嘴與腳都是紅色的，大約與鴨子一樣大小，在水面上游來游去找魚吃，因為這是京中見不著的鳥，眾人都不認識，就問船夫，船夫回答說：「這是都鳥。」聽到這一點，有人就詠了如下這首和歌，聞者皆留下了感傷的眼淚：

名にし負はばいざ事問はむ都鳥
我がおもふ人はありや無しやと
〔都鳥呀，既然你叫這個名字，那麼我問你，那個（居住在京都的）我所思念的人，過得還好嗎？〕

現在位於東京正中央，上、下流分別架設著幾座大鐵橋，每天有數以萬計的車輛往來穿行的隅田川，令人難以想像在千年前則是一副清水靜流，白鳥沉浮於水面的閒靜之景，而這一閒靜空寂的景象，讓遠來之客感傷落淚。

《土佐日記》

接下來要說的是《土佐日記》，這是紀貫之的作品。紀貫之在延喜五年奉敕命編纂了《古今集》，在二十多年後的延長八年，他被任命為土佐守，在五年任期結束後於承平四年十二月從土佐出發回京，於次年二月到達京內。他回京途中的旅行日記就是《土佐日記》，這與普通的日記有幾點不同：第一，此前男子的日記一定是用漢文所寫的，但是《土佐日記》是用國語（即假名——譯者註）所寫的；第二，日記是為了記錄自己的心情所作，因此一般都是以第一人稱所寫的，但是《土佐日記》是以第三人稱書寫的，以客觀的視角描述了某個人的活動；第三，《土佐日記》不僅記錄了自己的所思所想，而且做好了給他人閱讀的準備，從這一點上說的話，這應該算是位於日記與物語之間，同時具有兩者性質的作品。《土佐日記》開頭的幾句話正展現了這一不可思議的性質：

> 通常日記都是男子所寫，而我雖是女子之身，卻也想嘗試一下寫日記（中略）某人結束了他身為國司的四五年的任期（中略），前往預定好的乘船地。

如此這般，《土佐日記》雖然有著物語一樣的性質，但是關於時間、地點等的記述又都是真實的，這一點作為記錄來說非常重要。從承平四年十二月二十一日離開國司的官邸，到次年的二月十六日回到京內的家中為止，旅程共花了五十五天。之所以花了這麼久的時間，主要是因為海路非常危險，需要整備船隻，等待合適的天氣等，看了《土佐日記》就能對當時的旅行有多麼困難有很直觀的認識。

困難的還不只是天氣與風浪，還有被海賊襲擊的風險：

正月二十三日，日照有雲。據說本地有遭海賊襲擊的危險，因此向神佛祈禱。二十五日，船夫等報告說「北風強烈」，因此無法出航。海賊正逐漸追近的傳聞不絕於耳。

入京之時，特意將時間選在了夜裡：

我打算等夜深了再入京，因此特意放慢了行程，不知不覺間月亮已經升了起來，在月光明亮之時渡過了桂川。據人說：「這條河與飛鳥川不同，河水的深淺變化一點也不明顯」（中略）進了京內感到非常高興。到了家，進了房門，因為月光尚明，周圍的環境能看得非常清楚，屋內的破敗比聽說的情況還要糟糕得多，難以用語言形容，那一份旅人寄託於家中的思念之心，在看到這破敗的場景時也都幻滅一空。

反覆讀《土佐日記》，仿佛能夠想像當時的情景，這原本是一千多年前地方長官回京的旅程記錄，千年前的人所寫的東西，千年後的人讀後不僅能夠理解所記載的事情，更能與作者的心情產生共鳴，這不是一件非常美妙的事情嗎？

◎《源氏物語》

《枕草子》

「伊呂波歌」出現的約百年後，日本編纂了《古今集》，《古今集》之後又過了百餘年，則到了《枕草子》與《源氏物語》的時代。《古今集》在千年間都占據著歌壇最高的地位，《源氏物語》同樣是小說界的頂點，而在日本文學上與它們擁有相同地位的則是《枕草子》。

《枕草子》是清少納言的作品，「清」指的是她出身的家族清原氏，這一家是天武天皇皇子舍人親王的後代，代代以文學才能著稱。前文既述，舍人親王是《日本書紀》編纂的總負責人，清原深養父的歌也收錄於《古今集》之中，如：

夏の夜は　まだ宵ながら　あけぬるを
雲のいづこに　月宿るらむ
〔夏夜極短，在我以為還是深夜的時候天就不知不覺地亮了起來。（在這短短的時間內月亮顯然不足以經歷從升起到落下的全程），那麼月亮究竟是藏在了哪一片雲彩之中呢？〕

深養父的孫子元輔，受村上天皇的敕命編纂了《後撰和歌集》，以下是元輔的歌：

契りきな　かたみに袖を　しぼりつつ
末の松山　浪越さじとは
〔我們在擰乾眼淚打濕的衣袖的同時發下了誓言，就像海浪永遠不會打過松山一樣，我們也永遠不會變心。〕

元輔的女兒就是清少納言，她是侍奉一條天皇皇后的女官，《枕草子》既不是日記，也不是小說，而是一部隨筆，是數年間記錄隨想的產物，最終成稿的時間是一條天皇的長保年間。長保二年是西元一〇〇〇年，也就是距今約九百七十年前的事情，但就算是現在看來，《枕草子》中也充滿了清新的感覺，反映著清少納言的博學多識與才氣縱橫，有眾多令人驚訝的地方。

春天最好的時候是破曉之時，隨著太陽漸漸升起，山巔一點點變白，山頂上的天空逐漸亮了起來，紫色的雲彩橫亙其間。

夏天最好的時候是晚上，月夜自不必多說，若是暗夜也有螢火蟲飛舞之趣，即使只有一兩隻，那一閃一閃的微光也別有風味，此外，如果下雨的話也是極妙的。

這是清少納言關於四季最美好的時候的論述，後世的北村季吟為《枕草子》作注時，之所以將其注釋書命名為《春曙抄》，就是因為這段話的第一句。

在人有急事要出門時，突然來訪並說個不停的客人，特別惹人煩躁。

現代的我們對這一點也有同感吧。

說到花的話，無論是濃還是淡，都是紅梅最好。櫻花要花瓣大、葉色深、樹枝細且正好綻放者為佳。藤花要柔軟而綿長、色濃綻放者為佳。

蟲之善者是鈴蟲、松蟲、絡緯、蟋蟀、蝴蝶、裂殼蟲、蜉蝣、螢火蟲。草花之善者是瞿麥，唐土的自不必提，大和的瞿麥也是極好的；還有女郎花、桔梗、牽牛花、菅茅、菊、堇菜。龍膽花的枝葉雖然有些雜亂，但因為是在其他的花都被霜打枯萎之時獨自開放的美麗花朵，顯得愈發美麗。

這些句子就能讓人感受到平安京的生活狀態。當時即使是貴族，也與自然密切聯繫，喜愛著花草，聆聽著蟲鳴。想像著這幅歡樂的景象，感到當時的生活與現在的都市生活間的天壤之別，不禁悲傷。

雪のいと高う降りたるを、例ならず御格子まゐりて、炭櫃（すびつ）に火おこして、物語などして、あつまりさぶらふに、「少納言よ、香炉峰の雪いかならむ」とおほせらるれば、御格子あげさせて、御簾（みず）を高くあげたれば、笑はせたまふ。

某天天降大雪，（中宮藤原定子）下令放下外窗，在屋內點上火盆，聚集一眾女官閒談。在閒談中定子突然發問：「少納言呀，香爐峰的雪究竟是怎樣的呢？」聽到這一問題，我（清少納言）就抬起窗格，將簾子挑高。看到這一舉動中宮不由得開顏歡笑。

這是《枕草子》中有名的一節，「例ならず」的意思是「與平常不同」，「格子」是木製的防雨窗，「炭櫃」也就是圍爐，說「少納言よ」這句話的人是皇后，默默打開防雨窗、挑起簾子的人是清少納言。唐朝的白樂天的詩裡有「遺愛寺鐘欹枕聽，香爐峰雪撥簾看」之句，皇后想起這句詩，只說了詩中「香爐峰」的部分，清少納言立刻就領悟了皇后的意思，用行動回答，撩起了簾子，由此都可見清少納言的學問與才氣有多驚人。

紫式部

與清少納言生活在同一時代，在文學上作為清少納言競爭者的人就是紫式部。她的父親藤原為時常年擔任式部丞（式部省的事務官），因此希望將來能夠擔任地方長官。長德二年正月，他終於實現了這一願望，得到了委派他擔任地方長官的任命書，但是打開一看，發現他要赴任的是淡路守。藤原為時為此悲傷不已，向天皇上了一封歎願書，天皇哀憐他的遭遇，將他改任為越前守。為時為此感激不已，帶著女兒紫式部前往越前國（現福井縣）的國府（現武生市）赴任。紫式部雖然是個女子，卻比兄長惟規更有才學。兄長在學習《史記》時，她在一旁旁聽，卻比兄長更早記住了學習的內容，父親不禁感歎「這個孩子如果是個男孩就好了」，這是紫式部日記中記載的事情。紫式部前往越前是在她十八九歲的時候，這也是她唯一一次離開京都，之後她的父親又一次被任命為越後守，當時與父親一起赴任的只有她的兄長惟規，而紫式部則留在了京內，後來嫁給了藤原宣孝。這一對兄妹都充滿了文學氣質，兄長在越後國（現新潟縣）病重垂危之時，僧侶勸他念佛，並對他說：「虔誠念佛的話，死後就不用在中有之中徘徊，可以直達淨土。」兄長反問：「所謂的中有，是怎樣的一種狀態呢？」僧侶回答說：「你可以理解成在黃昏時分，前往無邊無際的荒野時的情景。」於是兄長問：「這個荒野上有隨風搖擺的芒草和在芒草的陰影裡鳴叫的松蟲與鈴蟲嗎？」僧侶對他的態度感到生氣，就終止了說法，先行回寺，而兄長則開始寫臨終前最後的一首歌，據說他就在寫到最後一個字的時候停止了呼吸。

紫式部在結婚後僅三年就失去了丈夫，因此經歷了數年寂寞的生活，此後則擔任女官，侍奉一條天皇的中宮上東門院。現在的研究認為，紫式部就是在這寂寞的幾年間撰寫了《源氏物語》的。在她擔任女官的時候，《源氏物語》得到了一條天皇的御覽，天皇在聽人給他讀《源氏物語》時，給出了如下評價：「這個物語的作者一定讀過日本紀，行筆間充滿了才華。」因此宮中為紫式部取了一個外號叫作「日本紀御局」，這也是記載在紫式部日記裡的事情，「日本紀」指的就是《日本書紀》。

《源氏物語》

《源氏物語》是以光源氏為主人公的長篇物語，光源氏原本是皇族，但被降為臣籍，被賜源姓。他是一位一生與諸多女性有過交集的貴公子，《源氏物語》主要描寫的就是他與這些女性的交往，共五十四帖（帖在此可以理解為卷），可謂鴻篇巨著，單是寫了這麼長的故事就足以令人驚歎，而更為可貴的是故事寫得非常美麗。首先吸引人心的是五十四帖的標題之美：桐壺、帚木、空蟬、夕顏、若紫、末摘花、紅葉賀、花宴、葵、榊、花散里、須磨、明石、澪標、蓬生、關屋、繪合、松風、薄雲……而其文章之美也令人讚歎，例如「須磨」之卷裡有：

須磨地區吹著蕭瑟秋風，更令人傷感；源氏公子的居所雖然離海並不近，但是行平中納言所說的「越關而來」的須磨浦波浪之聲，夜夜彷彿都近在耳邊，淒涼無比，這就是此地的秋天。光源氏周圍的近侍者都已入睡，只有他一人還醒著，他從枕頭上抬起頭來，靜聽四周的風聲，波濤之聲越來越高，彷彿近在身邊，眼淚不知不覺間噴湧而出，枕頭彷彿也都要浮起來。因此公子起身彈了一曲琴，琴聲也令他感到不勝悽楚，於是他停手吟了這一首歌：

恋ひわびて　なく音にまがふ　浦浪は
おもふかたより　風や吹くらむ
（濤聲聽起來就像是戀人哭泣之聲，這或許是因為海風從我心之所繫的方向吹來吧。）

又或是「明石」之卷裡有：

「如此下去世界或將毀滅。」源氏公子這麼想著。次日破曉時開始刮暴風，海浪滔天而來，有排山倒海之聲勢，雷聲之恐怖更是難以形容，仿佛讓人覺得就要落在自己的頭頂上。隨從中無人不驚慌失措，紛紛哀歎道：「我們究竟犯了怎樣的罪過，以至要遭受這等懲罰？」「連父母與親愛的妻子的最後一面也見不到，我們難道就要這麼死去了麼？」

她的行文如此華美，在當時社會引起了巨大的反響。《更級日記》的作者菅原孝標女，出生在《源氏物語》流行於世的那一年。她在十歲時隨著赴任的父親前往上總國（現千葉縣），在十五六歲的時候想讀《源氏物語》的心情急切難忍，當回到京內拿到這部書時，手不釋卷、不分晝夜地讀了起來，發出「獨自一人蝸居家中讀《源氏物語》的樂趣，比起得到皇后之位還有趣得多」的感歎。她廢寢忘食地讀《源氏物語》的故事，足以讓我們得知《源氏物語》在當時多麼受到世人的歡迎。

而喜愛《源氏物語》的不僅有少女，不分男女老少，不論官職高低，大家都

喜歡讀它，或是朗誦，或是抄寫，因此《源氏物語》保存了許多流傳至今的古抄本，《源氏物語》的注釋書也早早出現，例如《河海抄》《花鳥餘情》《湖月抄》等都是著名的注釋書。本居宣長是一位距今兩百多年前的大學者，他稱讚《源氏物語》「尤為傑出，空前絕後」，又說：「やまともろこし、いにしへ今ゆくさきにも、たぐふべきふみはあらじとぞおぼゆる。」「やまと」是日本，「もろこし」指的是中國，「いにしへ」是過去，「今」是現在，而「ゆくさき」是未來，也就是說，本居宣長認為，能夠與《源氏物語》比肩的書籍，無論是日本或者外國，不管是在過去現在還是未來，都不會存在，而且這並非他粗讀一遍後的感想，而是反覆通讀、深加研究之後得出的結論。

英國最受尊敬的文人是莎士比亞，他撰寫了《哈姆雷特》《奧賽羅》《李爾王》等名作，受到人們的喜愛，甚至有「英國甚至可以失去印度，也不可以失去莎士比亞」的說法。印度後來確實發生了各式各樣複雜的變化，但是英國人尊重、喜愛莎士比亞的心情一直沒有變過。莎士比亞出生於一五六四年，卒於一六一六年，與此相比，紫式部要早六百多年；而德國人最自豪的文豪，想必就是撰寫了《浮士德》的歌德了，他生於一七四九年，卒於一八三二年，這是紫式部離世八百年以後的人物了。也就是說，在德國誕生出歌德的八百年前、英國孕育出莎士比亞的六百年前，日本就有一位紫式部，撰寫了五十四帖的大作——《源氏物語》。

◎延喜式

伊勢大神宮

至此為止，我們用五章討論了平假名與片假名的發明、五十音圖的創造與日文的發展。語言與文字是文化的基礎，在我們從祖先處繼承的所有遺產裡，這也是最為重要的一部分，因此對於作為繼承人的我們來說，不能不將這些美好的語言文字誕生的經過，以及日本文學的最高峰牢牢記在心裡。

從「伊呂波歌」創作之後到《源氏物語》出現之前，有大約兩百年時間，位於這正中間的就是延喜年，《古今集》就是在延喜五年的時候編纂的。而同樣是在延喜五年，朝廷還下了一份敕書，開始了《延喜式》的編纂，這一編纂工程用了二十二年才最終完成，似乎花費非常多時間，但這畢竟是長達五十卷的詳細規定，在整理時多花點時間也是可以理解的。當時的法律裡有律令格式之別，律是刑法，令是法令，這二者是法律的基本原則，與此相對，格是根據時勢臨時制定的法令，而式則是用來彌補原則性法令不足的施行細則。

《延喜式》從第一卷到第十卷是對神祇關係的規定，接下來則是對太政官及八省的規定。也就是說，神祇官不僅位於太政官與八省之前，而且在《延喜式》中佔據了很重的分量。順德天皇所作的《禁秘抄》的開頭中也說：「凡禁中作法，先神事，後他事。」日本的神祇祭祀是要優先於其他一切事情的。而在「神祇式」十卷中，伊勢大神宮與齋宮寮各占一卷，所謂的齋宮是侍奉於伊勢大神宮的皇女，所以可以說在十卷「神祇式」中伊勢大神宮就獨佔兩卷，由此可見伊勢大神宮的重要性。

在天孫降臨之時，天照大神賜予的三神器中有一面神鏡，這面神鏡原本一直保存在宮中，但是崇神天皇認為這一保存方式有損於神威，因此將神鏡轉移到倭笠縫的居處，命令豐鍬入姫命負責祭祀事務。而在接下來的垂仁天皇的治世時，負責祭祀的人換為了倭姬命，她為了尋找更適合安置神鏡的位置遍訪四方，最終在神明的啟示下，選定在伊勢的五十鈴川邊上修建神宮，這就是後來的伊勢大神宮。

後來雄略天皇又從丹波國（現京都府）迎來了豐受大神，安置於度會之宮，這一宮相對於內宮又被稱為外宮，內、外宮二者合稱為兩所大神宮。據《延喜式》記載，內宮有攝社二十四座，外宮則有攝社十六座，無論是其分佈還是其神域都極為廣闊。而關於祭祀的規定則非常嚴格，大神宮每隔二十年就要重新修建一次，每次都得使用全新的木材。寺院以古為善，但是大神宮每隔二十年就要重建一次，這是因為神道以清潔明朗、不沾染汙穢為善。

齋宮的音讀為「サイグウ」，訓讀則讀為「いつきのみや」。天皇即位後，要選擇一位未婚的內親王，命令她侍奉大神宮，這就被稱為齋宮。齋宮要先在宮中修建初齋院，在此處清潔身體，洗去污穢；此後在京都的郊外修建野宮，在野宮內齋戒一年後，再正式前往伊勢的齋宮赴任。

在齋宮內，與佛教相關的事情和死亡、疾病一樣，是被忌諱的物件，這些忌諱的詞語必須以其他詞替代，例如：

佛—中子；
經—阿良良岐；
寺—瓦葺；
僧—髮長；
尼—女髮長；
死—奈保留；
病—夜須美；
哭—鹽垂；
血—阿世；
打—撫。

當時，佛教傳入日本已經有四百餘年，在奈良修建了東大寺，在各國則修建了國分寺，此外更有新建立的比叡山與高野山，正是佛教全盛的時期，而在這一時局之中，我們在伊勢大神宮上能夠看見當時的人們試圖從根本上保護日本純粹性的傾向，這是值得我們注意的。

出雲大社

記載在《延喜式》「神名帳」裡的全國神社共有三千一百三十二座，其中伊勢國度會郡有五十八座、出雲國出雲郡有五十八座，接下來大和國高市郡有五十四座、伊勢國多氣郡有五十二座，都是神社較多的地方。大家在旅行時是否見過「式內某某神社」的標記呢？所謂的「式內」就是「記載於《延喜式》『神明帳』中」的意思，也就是說這些都是至少有著一千年以上歷史的神社。

「神明帳」的記載中，在出雲國出雲郡裡有一所「杵築大社」，其注釋中只有簡簡單單的「名神，大」三字，除此之外沒有任何其他記載，一個不小心就有可能被看漏。但是這實際上指的是出雲大社，是絕不能錯過的神宮大社。大家應該看到過關於出雲大社結構的相關說明，其為「切妻造」（中國稱「懸山式」）

的建築，在中央有御柱，而周圍有八根小柱，將建築分為四室，從中可見古代建築的風姿。但是真正值得震驚的還不是這一點，而是出雲大社之高大。古人說它「高聳入雲」，稱讚它是「天下無雙的大廈」，這絕不是一個抽象的形容，具體來說，神社高八丈，一丈等於十尺，所以八丈也就是八十尺，換算為公尺則是二十四公尺，這個高度如果是西方風格的高樓大廈那自然並不稀奇，但是在木造的日本建築，尤其還是平房建築中能夠建到這個高度的還沒有其他例子。然而，目前的出雲大社都有八丈高，過去更高達十六丈，這說起來似乎有些不可思議，但是在平安時代的著作中曾經提到建築物高度的排序，說的是「雲太、和二、京三」，「京三」係指京內的太極殿位於第三位，「和二」說的是大和的大佛殿位於第二位，而「雲太」則是出雲大社位於第一位。現在雖然不清楚太極殿的高度，但是當時的大佛殿高達十五丈六尺，這是有明確記錄的，而且通過大佛的高度也可以推算，如果十五丈六尺的大佛殿只能屈居二位的話，位於其上的出雲大社有十六丈高也就不奇怪了，不如說如果沒有十六丈高反而顯得奇怪。

只看表面的話，這一時期確實是佛教的全盛期，進入人們視野裡的似乎都是佛教的宏大建築，但是事實上日本的古老儀式則被以伊勢大神宮為首的三千一百多座神社保護著。尤其是伊勢大神宮嚴格地排斥異教，遵守日本獨特的風俗，每隔二十年就重建一次，以保證神殿的清淨。此外，出雲大社的神殿高達十六丈，人們在此進行著祭祀活動。

行政區劃

關於《延喜式》還有許多話題想談，然而由於篇幅有限，在此就只好從略了，但是不得不提一下「民部省式」中出現的國與郡區分方法，是將古來的行政區劃逐漸加以整理，最終統合為六十六國二島的結果。這一行政區劃直到明治天皇時期為止，在約千年的時間裡一直得到保持，即使到了今天，要是不明白這些古地名也會多有不便。行政區劃的一覽表如下。

畿內：

山城上國八郡（現京都府）

大和大國十五郡（現奈良縣）

河內大國十四郡（現大阪府）

和泉下國三郡（同上）

攝津上國十三郡（同上、現兵庫縣）

東海道：

伊賀下國四郡（現三重縣）

伊勢大國十三郡（同上）

志摩下國二郡（同上）

尾張上國八郡（現愛知縣）

三河上國八郡（同上）

遠江上國十三郡（現靜岡縣）

駿河上國七郡（同上）

伊豆下國三郡（同上、現東京都）
甲斐上國四郡（現山梨縣）
相模上國八郡（現神奈川縣）
武藏大國二十一郡（現東京都、埼玉縣、神奈川縣）
安房中國四郡（現千葉縣）
上總大國十一郡（同上）
下總大國十一郡（同上、現茨城縣）
常陸大國十一郡（現茨城縣）

東山道：

近江大國十二郡（現滋賀縣）
美濃上國十八郡（現岐阜縣）
飛驒下國三郡（同上）
信濃上國十郡（現長野縣）
上野大國十四郡（現群馬縣）

下野上國九郡（現栃木縣）
陸奥大國三十五郡（現福島縣、宮城縣、岩手縣、青森縣）
出羽上國十一郡（現山形縣、秋田縣）

北陸道：

若狹中國三郡（現福井縣）
越前大國六郡（同上）
加賀上國四郡（現石川縣）
能登中國四郡（同上）
越中上國四郡（現富山縣）
越後上國七郡（現新潟縣）
佐渡中國三郡（同上）

山陰道：

丹波上國六郡（現京都府、兵庫縣）
丹後中國五郡（現京都府）

但馬上國八郡（現兵庫縣）
因幡上國七郡（現鳥取縣）
伯耆上國六郡（同上）
出雲上國十郡（現島根縣）
石見中國六郡（同上）
隱岐下國四郡（同上）

山陽道：
播磨大國十二郡（現兵庫縣）
美作上國七郡（現岡山縣）
備前上國八郡（同上）
備中上國九郡（同上）
備後上國十四郡（現廣島縣）
安藝上國八郡（同上）
周防上國六郡（山口縣）

長門中國五郡（同上）

南海道：

紀伊上國七郡（現和歌山縣、三重縣）

淡路下國二郡（現兵庫縣）

阿波上國九郡（現德島縣）

讚岐上國十一郡（現香川縣）

伊予上國十四郡（現愛媛縣）

土佐中國七郡（現高知縣）

西海道：

筑前上國十五郡（現福岡縣）

筑後上國十郡（同上）

豐前上國八郡（同上、現大分縣）

豐後上國八郡（現大分縣）

肥前上國十一郡（現佐賀縣、長崎縣）

肥後大國十四郡（現熊本縣）
日向中國五郡（現宮崎縣）
大隅中國八郡（現鹿兒島縣）
薩摩中國十二郡（同上）
壹岐島下二郡（現長崎縣）
對馬島下二郡（同上）

這其中的陸奧國、出羽國、佐渡國、隱岐國、壹岐島與對馬島屬於邊要，也就是需要警戒外敵侵入的邊境之地。此外，從「凡郡不得過千戶」的規定可知，郡的多少並不是由土地的寬廣程度所決定的，而是由戶數多少來決定的。

最後再附言一句，陸奧一國分為磐城、岩代、陸前、陸中、陸奧五國，出羽國分為羽前與羽後兩國，是明治元年的事情。至此為止的近千年的時間內，除了郡的劃分有若干變動之外，《延喜式》的規定幾乎沒有變化。

◎菅原道真

藤原氏的謀略

從「伊呂波歌」到《源氏物語》的這一系列發展，代表著的日本文學的全盛時代，位於這一時代正中心的就是延喜朝，《古今集》與《延喜式》的編纂也都是在這一時代完成的，這是文化非常繁榮的時期。但是就在這個時期裡，發生了一件非常不幸的事情，那就是原本得到破格提拔的菅原道真，突然被流放去了九州，這真是一百八十度的大逆轉。這件事情看起來似乎只是關係到一個人的命運，但其實是一件對日本的道義、道德觀念產生了根本性影響的事件，我們的祖先因此培養起了深厚的道義之心，因此接下來我將向大家介紹這件事情。

菅原氏原姓土師，是野見宿禰的後代，在桓武天皇時期，菅原古人被允許改姓為菅原，他的兒子就是菅原清公。前文既述，菅原清公是與空海、最澄一起前往唐朝的遣唐使；他回國後擔任文章博士，以他的文學才華侍奉朝廷。菅原清公的兒子名為是善，這個人也擔任了文章博士，後來更升任大學頭，他的兒子就是菅原道真。

道真年紀輕輕就立志向學，在十一歲時作的第一首詩如下：

月耀如晴雪，
梅花似照星。
可憐金鏡轉，
庭上玉房馨。

接下來再介紹一首他十四歲時所作的詩，因為全詩很長，這裡只舉出後半部分：

冰封水面聞無浪，
雪點林頭見有花。
可恨未知勤學業，
書齋窗下過年華。

次年他十五歲，行元服禮時，他的母親詠了如下這首歌：

久方の　月の桂も　折るばかり
家の風をも　吹かせてしがな

母親這首歌的意思是希望他能夠摘取桂冠，成為學界的第一人，受到眾人的稱讚，使得菅原家作為學問之家的名聲更為響亮。道真也不負這一期望，先是積累功績，擔任了少內記，之後升任民部少輔，轉任式部少輔，又擔任了文章博士，在學界占據了不可動搖的地位。同時，眾多優秀文人聚集在他的門下，這一盛況極為壯觀，因此他也受到了其他人的嫉妒與猜忌。

仁和二年，菅原道真被任命為讚岐守，在這之後的四年裡負責執掌讚岐（現香川縣）地區的民政，任期結束回京後被任命為藏人頭，又被任命為式部少輔，後來一躍升為參議，兼任式部大輔，成為朝廷的中心人物。他因為深得宇多天皇的信任，進一步升任為中納言兼民部卿，其長女入宮擔任女御，其本人則升為右大臣，這就非常危險了。此前他只是一個文章博士時，因為優秀文人多聚集於他的門下就已經引來眾人的嫉妒，現在升任右大臣，這對於菅原氏來說是空前絕後的，除此之外他還將長女送入宮內，這就令藤原氏無法坐視不理了。藤原氏自藤原良房以來，常年擔任太政大臣、攝政與關白之位，權威遠遠超過其他氏族，到了此時醍醐天皇治世時期，左大臣是藤原時平，其次的右大臣就是菅原道真，兩人並列左、右大臣之位，而時平年僅二十九歲，道真時年五十五歲，無論是學問還是經驗，菅原道真都比藤原時平更為耀眼，宇多上皇對於菅原道真的信任更可以說是絕對的。在這一狀況下，藤原氏及其周邊人物不惜採用任何手段也要將菅原道真逐出權力中樞的心情，也不是不能理解的。

流放太宰府

藤原氏的讒言奏效，十七歲的醍醐天皇相信藤原氏的報告，在延喜元年正月二十五日將右大臣菅原道真左遷為太宰權帥，他的四個兒子與幾位親友各自受到處分，被趕出了京都。看到道真被流放後仍然擔任太宰權帥一職，很多人不覺得這是什麼嚴厲的處分，從表面上看，九州的太宰府的長官是帥，所謂權帥也就是太宰府的副長官，從右大臣左遷太宰權帥固然在位階上降了許多級，但是不少人容易誤以為他是前往擔任九州地區的副總督，因此也不覺得這是太重的處分。但這只是表面上的處置，實際上菅原道真是以罪人身份前往九州的，在太宰府過著類似軟禁的生活，只要看道真的詩就能完美地理解這一點。

道真家內種有梅樹與竹子，道真特別喜歡這兩種植物，在它們身上寄託了自己的精神。在踏上流放旅途時，他對家裡的梅花留下了這樣的道別之句：

東風吹かば　匂ひおこせよ　梅の花

主人無しとて　春を忘るな

（梅花啊，當吹起東風時，記得將花香傳播出來。不要因為主人不在，就忘記了春天的存在。）

被流放的不僅是道真一人，他的兒子大學頭菅原高視被流放到土佐、式部丞菅原景行被流放到駿河、右衛門尉菅原景茂被流放到飛驒、優秀文人菅原淳茂被流放到播磨，父子五人不得不面臨分散五處的情景。

父子一時五處離，
口不能言眼中血。
俯仰天神與地祇，
東行西行雲眇眇，
二月三月日遲遲。

這首詩就是為此而作的。

當菅原道真在流放途中來到明石之地時，當地的驛長見到道真的老態，大吃一驚。驛長曾經見過赴任讚岐守時往返任地的菅原道真，之後聽說過他榮升右大臣的傳聞，但是如今見到他以囚犯的身份被護送前來，對於他這身份的變化感到驚訝與悲傷也是可以理解的。見到驛長的反應，道真吟了如下一首詩：

驛長莫驚時變改，
一榮一落是春秋。

到了太宰府以後，菅原道真小心謹慎，不出房門一步。

都府樓才看瓦色，
觀音寺只聽鐘聲。
（中略）

此地雖身無檢繫，
何為寸步出門行。

由道真的詩裡可以知道，菅原道真在太宰府的住宅是腐朽失修的舊房子，屋頂破損漏水，一旦下雨就面臨淋濕衣服的窘境。而廚房裡也缺乏物資，時常斷炊，鍋旁時常能聽見青蛙的聒噪聲。道真的腸胃不好，因此燒熱石頭用以溫暖腹部，卻完全沒有效果。對此，道真也悲歎道：

心寒雨亦寒，不眠夜不短。

但是道真仍然堅信：

惡名遂欲蠲，未曾邪勝正。

他堅信他遭受的冤罪必然有雪洗的一天，絲毫沒有動搖忠義之心，因此他又做了那首著名的九月十日詩：

去年今夜侍清涼，秋思詩篇獨斷腸。
恩賜御衣今在此，捧持每日拜餘香。

「清涼」指的是宮中的清涼殿，去年的今日道真還在宮中的清涼殿內，以天皇所命的「秋思」之題詠了一首詩，今年的今夜就孤身一人身處遙遠的九州，但是他仍然將天皇所賜的御衣帶在身邊，每天捧著御衣感謝天皇的大恩，這就是這首歌想要表達的意思，這首詩裡絲毫沒有怨恨之情。雖然被問以冤罪，遭到流放，日子過得十分艱苦，道真也確實哀歎自身的不幸遭遇，卻不因此對天皇有懷恨之心，這正是菅原道真最了不起的地方，因此他自古以來就被作為忠臣的典範，成為日本人學習的對象，最後甚至被奉為神明，這都是因為他對皇室忠貞不二[35]。他在太宰府的孤獨生活從延喜元年開始，持續到延喜三年的初春為止，最終於延喜三年的二月二十五日因病離世，享年五十九歲。道真所作的和歌裡有如下一句：

海ならず　ただよふ水の　底までも
清き心は　月ぞ照らさむ
（就像月光能夠照射到比海底更深的水底一樣，我潔白的內心也總有一天會得到認同。）

菅原道真也正像詩中所描寫的一樣，很快就被洗清了冤罪，於延喜元年重新回到右大臣之位，死後被追贈太政大臣，最後更被奉為神明。京內有北野天滿宮，九州則有太宰府天滿宮，除此之外各地還有許多天神神社，這些神社祭祀的都是菅原道真。

35　菅原道真為日本史上著名的怨靈，也是因此而得到祭祀的。——譯者註

◎延喜、天曆

延喜、天曆盛世

右大臣菅原道真是一位忠誠正直的人，他的學問貫通和漢，學識淵博，後來受到眾人的讒言，被流放到太宰府，是一件非常令人痛心遺憾的事。然而當時的醍醐天皇年齡尚幼，被重臣們的進言所惑也不是不能理解的事情。

除去這件憾事之外，醍醐天皇的治世和兩任後的村上天皇的治世一起，被視為是日本歷史上最為理想的黃金時代，長久以來一直受到後世的尊崇。醍醐天皇的治世長達三十四年，共使用了以下三個年號：昌泰有三年，延喜有二十二年，延長有八年。因此，我們取使用最長的年號延喜為天皇的代稱，將醍醐天皇稱為延喜帝，將他的治世稱為延喜盛世。接下來登基的是醍醐天皇的皇子朱雀天皇，他在位十六年後讓位給了弟弟村上天皇。村上天皇的治世共有二十一年，我們取用他代表性的年號，將他尊稱為天曆帝，將他的治世尊稱為天曆盛世。

歷代天皇的日記中，最有名的是宇多、醍醐、村上三位天皇的日記，它們被稱為《三代御記》。目前我們知道的最古老的日記是宇多天皇仁和三年十一月十七日即位時所寫的日記，當然全部都是用漢文所寫的。

十七日丙戌，即位。辰一刻，駕御鳳輦出東宮（中略）四刻，出大極殿即於帝位。（中略）又天下鰥寡孤獨者等皆給物。

這時天皇時年二十一歲，次年五月，因為敕書中出現了「阿衡」一詞，太政大臣藤原基經對此不滿，停下了手頭所有的政務，朝廷陷入大混亂。左大臣對此感到十分困擾，無奈地向天皇請求重新改寫敕書，這時的日記裡有如下記載：

朕聽此言，不肯容許。大臣固請（中略）朕遂不得志，枉隨大臣請。濁世之事如是，可為長大息也。36

由這一部分可以看出天皇的學問深厚，他準確地理解了「阿衡」一詞的正確意義並正確地使用了這一名詞，也能看出天皇能夠理解太政大臣藤原基經是在無理取鬧，雖然如此，天皇仍然聽取了左大臣「政務停滯，眾人都很困擾」的意見，雖非出於自己的本意，仍然改寫了敕書，由此可見天皇的為人寬大。

此外，仁和四年十月十九日的日記也非常珍貴。

我國者神國也，因每朝敬拜四方大中小天地神祇。

這也就是說，天皇每天早晨先要拜祭以伊勢大神宮為首的四方諸神，因此在清涼殿中設置了一處石灰壇，這個石灰壇與木板地同一高度，但地面鋪設的是土，天皇就在此拜祭四方神靈。

醍醐天皇也寫了日記，共有二十卷，與村上天皇的日記一起裝在壁櫥裡，安放在清涼殿內天皇身邊不遠的位置。之所以會這麼安排，是為了讓後代的天皇們能夠以延喜、天曆的盛世為學習的模範，提高自身的品德修養。

延喜、天曆之世是平安時代中尤其華麗的一段時期，延喜朝內創作了《古今集》《延喜格》和《延喜式》，除此之外還有《三代實錄》。在日本，由朝廷正式編修的歷史書被稱為正史，《日本書紀》就是最初的正史，接下來則有《續日本紀》《日本後紀》《續日本後紀》《文德實錄》。繼承這一編纂史書的先例，將清和、陽成、光孝三位天皇在位時的歷史編纂為五十卷的史書，這就是《三代實錄》。這是在宇多天皇時期開始的事業，菅原道真也參與其中，最終完成於延喜元年八月。像這樣編纂歷史的工作能夠持續下來，說明日本的國家意識之強烈。直到平安時代中期為止，國家意識都還很強烈，對《日本書紀》的研究很多，朝廷以約三十年一次的頻率舉辦《日本書紀》的講義，延喜朝的講義是在延喜四年時舉辦的。然而，整理其後的歷史可以發現：

36 此處出自《宇多天皇御記》仁和四年六月三日條目，因而非五月之事。——譯者註

㈠正史的編修以延喜元年的《三代實錄》為止，在此之後就不再進行正史的編纂了；

㈡法令的編修以延喜元年的《延喜格》、延長五年的《延喜式》為止，之後也不再進行編纂；

㈢《日本書紀》的講義以村上天皇的康保二年為最後，此後也不再舉辦。

康保二年是九六五年，距離現在約有一千年。到那時候為止，國家意識都還很強烈，歷史的研究也得到重視，朝廷還在從事新的史書編纂與法律整理，但此後這些則逐漸衰微，比起考慮國家的興衰，人們更重視自己一身一家的生活，國家因此逐漸衰微，也出現了混亂。因此在後世回顧歷史之時，延喜、天曆的盛世才會以光輝燦爛的黃金時代、理想的盛世的姿態映射於人們的視野內。

貴族政治的崩潰

延喜朝還有一件值得注意的事情，那就是延喜二年發出的莊園禁止令。大化革新以來，將土地收歸國有，公平平等地分給國民，讓他們自由耕作，維持自給自足的生活並向國家納稅的制度，就因為莊園的出現而崩潰了。有大功的人被特別承認了土地的私有權，土地不受國司的管轄，因此土地的租稅也就進入了莊園領主的私囊而無法被納入國庫。延喜二年發出的針對皇族與貴族莊園的禁令，說明了以下兩件事實：

其一，當時莊園的弊害已經很明顯了；

其二，當時的朝廷懷抱解決這一弊害的氣魄。

至於這一莊園禁止令是否有效？只能說它在一定時間內或許有過效果，但是隨著時間的推移，莊園數量又開始繼續增加，到了永觀二年（九八四）、寬德二年（一〇四五），國家開始頻繁地頒發莊園禁止令，這正是莊園為害甚重，不頻繁地下禁止令就無法阻止莊園的增加，而且禁止令的效果也越來越弱的證據。因此在延喜朝時，雖然已經出現了這一弊端，但是還不甚明顯，又過了八九十年後，莊園的數量已經到了無法抑制的地步，國司能夠支配的土地，換言之，服從於國家的統治、向國家納稅的土地減少了許多。寬德二年的禁止令是後世莊園禁止令的典範，延喜朝的禁止令更是在寬德朝禁止令的一百多年前頒佈，因此也難怪在制度崩潰、紀綱鬆弛的後世看來，延喜、天曆之世是無比光輝的盛世。

這一光輝盛世為何會崩潰呢？是因為朝廷的高級官吏只知道享受優雅風流的生活，卻缺乏為國家、為世間刻苦努力、做出貢獻的氣魄，《源氏物語》中出現的人物們就是如此。容貌美麗，為人優雅，重視人情，風流倜儻，既擅長詠和歌，也能翩翩起舞，這是他們心目中的理想人物，受到他們的景仰。女性崇拜這樣的人，男子也以這樣的人為目標，那麼又有誰能夠擔任那些保護法律、維持治安的工作，又有誰來完成那些足以增進國力、提高全體國民生活水準的任務呢？大化革新規定了官吏必須在天明前在朝廷的宮門外集合，在日出的同時入門禮拜並各就各位開始工作，這一點在此前介紹過，而遲到的人是不被允許進入宮門的。根據《源氏物語》的描寫，到了那時候貴族們雖然身兼官職，卻個個每晚夜遊，要讓他們在天亮時出勤是無法想像的事情。

《土佐日記》是紀貫之結束土佐守的任期回京時的行旅日記，所謂的土佐守可是地方長官，相當於現在高知縣的知事，這樣的人在回京途中卻因為可能出現的海賊而戰戰兢兢。因為有海賊來襲的傳聞，向神佛禱告。

海賊追來的傳聞不絕。地方長官在歸京途中面臨如此危險與不安，卻不見他做過任何嘗試解決這一問題的努力，這又說明了什麼呢？

一方面擔心海賊的橫行霸道，另一方面卻不考慮逮捕海賊為世間除害，甚至不向朝廷進言，這在後世看來很不可思議。但是這還算是好的，還有更嚴重的事情，地方長官自己就肆意違反法令，從事各種苛酷之事。尾張守藤原元命便是這一類人的代表，他在測量土地時，將事實上只有一段的土地記錄為三四段，事實上只有五六段的土地記錄為七八段，並按照此記錄徵稅；這一檢查原本只需要一天就足夠了，但是他故意花上三四天，為此徵收額外的費用。百姓將他的惡行報告給朝廷，朝廷震驚，將藤原元命免職，這是發生在一條天皇永祚元年（九八九）的事情，這也就是在清少納言寫下《枕草子》前數年、紫式部創作

《源氏物語》前十幾年的事情。

如果這樣的狀態一直持續下去，那麼延喜、天曆的盛世就必然會逐漸衰微。簡單來說，當時的問題可說是：沒有一個具備男子氣概的男人，沒有一個憂國憂民、遵守正道、排除邪惡、整頓風紀的人物。

國家圖書館出版品預行編目 (CIP) 資料

物語日本史 / 平泉澄著 ; 黃霄龍 , 劉晨 , 梁曉弈譯 . -- 初版 .
-- 新北市 : 遠足文化 , 2019.04-- (大河 ; 39-41)

ISBN 978-957-8630-98-7(上冊 : 平裝). --
ISBN 978-957-8630-99-4(中冊 : 平裝). --
ISBN 978-986-508-000-6(下冊 : 平裝). --
ISBN 978-986-508-001-3(全套 : 平裝)

1. 日本史

731.1 108003095

大河 39

物語日本史
——從日本建國到延喜・天曆之治

作者—— 平泉澄
譯者—— 梁曉弈
編輯總監—— 陳蕙慧
總編輯—— 郭昕詠
編輯—— 徐昉驊、陳柔君
行銷總監—— 李逸文
資深行銷企劃主任—— 張元慧
封面設計—— 倪旻鋒
封面插畫—— 鄭景文
排版—— 簡單瑛設

社長—— 郭重興
發行人兼出版總監—— 曾大福
出版者—— 遠足文化事業股份有限公司
地址—— 231 新北市新店區民權路 108-2 號 9 樓
電話—— (02)2218-1417
傳真—— (02)2218-1142
電郵—— service@bookrep.com.tw
郵撥帳號—— 19504465
客服專線—— 0800-221-029
Facebook —— https://www.facebook.com/saikounippon/
網址—— http://www.bookrep.com.tw
法律顧問—— 華洋法律事務所 蘇文生律師
印製—— 呈靖彩藝有限公司

初版一刷 西元 2019 年 04 月
Printed in Taiwan